AF599642

# ORAR CON EL CUERPO

## Cuando el cuerpo se hace oración

Paloma San Román
Rafael Redondo

# ORAR CON EL CUERPO

## Cuando el cuerpo se hace oración

DESCLÉE DE BROUWER
BILBAO - 2024

Ilustraciones: Paloma San Román


Henao, 6 - 48009 Bilbao
www.edesclee.com
info@edesclee.com



Impreso en España – Printed in Spain
ISBN: 978-84-330-3282-9
Depósito Legal: BI-01458-2024
Impresión: Ulzama

*Para Mari Ángeles y José Antonio*
*por las horas que este trabajo nos ha mantenido ausentes de vosotros.*
*Gracias por vuestro tiempo, por vuestro amor.*

*Para IparHaizea, donde lo uno y lo múltiple*
*se hace gesto, revelando lo inefable.*

# Índice

# Prólogo

Suelo contar a veces cómo en el año 2000, cursando un máster de administración de empresas –la corbata bien planchada, el pelo engominado y la cabeza llena de ideas sobre el éxito profesional– asistí a una clase sobre "la sombra en las organizaciones", impartida por un viejo profesor que había visto algunas veces por la Escuela de Ingenieros de Bilbao, donde me había licenciado hacía poco. Terminó la clase y yo estaba... en realidad no sabía cómo estaba. No había entendido absolutamente nada, no fui capaz de seguir el hilo argumental del profesor. Era como si algo invisible hubiera estallado desde su interior y la onda expansiva me hubiera alcanzado y borrado todo lo que había en mi mente. Así descrito, parece algo muy fuera de lo común, pero ocurrió con una sencilla naturalidad. El único pensamiento que quizás pude articular en aquel momento sería algo así como: "no sé cómo vive su vida esa persona, pero yo también quiero vivirla así". En realidad, él no había hecho nada especial, solo darnos una lección sobre la gestión de personas en la empresa. Iba vestido de manera corriente, no me pareció especialmente elocuente y, si lo hubiera sido, yo no me hubiera dado cuenta, porque estaba anonadado. El impacto en mí de aquella persona, sin motivo ni intencionalidad ninguna por su parte, fue –digámoslo de la manera más sencilla posible– totalmente transformador. Esa persona era Rafael Redondo y ese encuentro fue, sin que yo fuera en ese momento consciente, el comienzo de mi camino en la Vía del Zen. Un camino que después me llevaría a descubrir la profunda herida acerca de lo religioso que en mí había -con un rechazo absoluto de la forma en que hasta entonces se me había presentado- y, más tarde, a sanar esa herida y descubrir el profundo impulso espiritual que desde entonces ha ido transformando y guiando mi vida. Traigo dicha vivencia a este prólogo porque cuando pienso en el sentido del *gesto* en el camino espiritual, me viene el recuerdo de Rafa, de pie frente a la clase. Una persona normal y corriente dando una clase normal y corriente y, *a la vez*, transparentando una Presencia tan sutil como una brisa de verano y tan sólida como una montaña, aunque mi cabeza no estuviera aún preparada en aquel momento para entender lo que estaba ocurriendo.

Después supe que era maestro Zen, le busqué y ahí comenzaron un acompañamiento y una profunda amistad que a día de hoy siguen vigentes. En los diferentes retiros de meditación que hice con Rafa a lo largo de los años, los *gestos* que había incorporado a la práctica Zen -influenciado por su maestro Willigis Jäger- siguieron cumpliendo la función de abrir mi cuerpo y mi mente a Lo-Que-Nos-Trasciende. Así que cuando Paloma -mi hermana en el Camino- y él me ofrecieron la posibilidad de escribir este prólogo, no me resultó en absoluto ajeno el tema en cuestión. Desde estas líneas les agradezco la confianza.

Hace poco que he terminado de leer el sencillo y revelador abordaje de los gestos realizado por Paloma, y me maravilla la aparente facilidad con la que ha captado su esencia y su utilidad para describir una espiritualidad universal y completa. Porque si cada tradición espiritual tiene sus características en lo formal, *en lo esencial*, confluyen. Lo hacen en la *Presencia*, la relación -incluso personal- con esa dimensión que nos trasciende y que recibe diferentes nombres sin caber en ninguno (Dios, Brahman, Camino, Basho, Tao, Verdad..., o simplemente Vida), así como en la *Ausencia*, el silencioso y vacío espacio de espera que nos pone a prueba, pero en el que la confianza nos permitirá descansar de lo superficial y caótico, deshacernos de lo que creíamos ser, y recibir el regalo de descubrir lo que realmente somos. Lo digamos como lo digamos, las palabras no pueden abarcarlo, tan solo trazar sutiles corrientes de aire que puedan de algún modo ser percibidas por las aletas de nuestra nariz. Para llegar a comprender algo, debemos necesariamente dejar caer el afán controlador de nuestro raciocinio, rendir nuestras voluntades y situarnos en el Templo que nos ha sido dado para nuestro reposo y transformación: el propio cuerpo. Y eso aporta este libro, una guía para –a través de los gestos– compartir una manera que nos ha regalado Rafa de zambullirnos en la esencia de la verdadera oración, hábil y amorosamente expresada por Paloma, que además ha aportado su conocimiento y experiencia a la hora de hacerlo accesible a personas de todo tipo, edad y condición, especialmente las más sencillas, los *pobres en el Espíritu*. Si somos capaces de dejar de lado nuestro orgullo racional, podremos *ver de verdad*, y estas personas se revelarán como nuestras mejores maestras por la inocencia y la frescura con la que se abren a su naturaleza trascendente desde la vivencia corporal.

La práctica Zen comienza con un gesto llamado en japonés *Gasshõ* (*Añjali Mudrā*, en sánscrito) y que corresponde al gesto número 8 de este libro. Lo primero que se transmite en el acompañamiento Zen es que un gesto no es una “japonesería” o un trámite formal a realizar. El *Gasshõ* se realiza en el umbral de entrada al Zendô o Dôjo: hacerlo con plena atención y presencia es la manera de tomar conciencia *corporal* de que estamos entrando en un lugar sagrado, en el que a través del compromiso con nuestra práctica vamos a ponernos en manos del Camino, para que haga Su Labor en nosotras y nosotros. Después, una vez dentro, colocados de pie delante de nuestro lugar de meditación y situados en círculo, volvemos a realizarlo muy conscientemente para expresar, como indica Paloma, nuestra inclinación a la Unidad, nuestro respeto profundo y nuestra gratitud por la práctica que vamos a compartir y con las personas con quienes la vamos a compartir. Lo hacemos con plena conciencia del contacto de las plantas de los pies con el suelo –firmemente enraizadas en la tierra–, de la disposición vertical que se hace posible gracias a ese enraizamiento, del regalo que supone el poder compartir una práctica que nos va liberando, momento a momento, de la tiranía de nuestra propia mente, nuestros hábitos mentales y emocionales. Conciencia plena de la respiración entrando en el *Tanden* (*Hara*), dándonos así a cada instante la Vida, y saliendo por las plantas de los pies hacia la profundidad de la tierra, llevándose poco a poco la "pegajosidad" de los pensamientos y sentimientos que durante tantos años han ido colonizando nuestro castillo interior, sumiéndolo en el caos y la dependencia. Así realizado, todos los practicantes en círculo y mirando al centro, es también el reconocimiento y agradecimiento por ser beneficiarios de la acción de las tres bases del Zen, pero no solo del Zen: El *Buddha* (el Camino, la Vida, Dios, Lo Trascendente), el *Dharma* (el camino de práctica espiritual) y la *Sangha* (la comunidad de practicantes). Quiero con este ejemplo tratar de transmitir la diferencia entre una acción "mecánica" de juntar las manos e inclinarse, y la profundidad espiritual de los gestos propuestos por Rafa. Colocarse *en el umbral* no es sólo una cuestión espacial ni se reduce a entrar en una habitación, es la esencia misma de la meditación y la oración. A través de ellas, las personas podemos dejar caer lo que creemos ser y quedarnos desnudos, esperando en silencio. Nos situamos *en el umbral* confiando en que Quien ha puesto en nuestro interior el *pulso* que nos lleva hasta ahí, nos abrirá la puerta. Y debo decir que, en mi experiencia, siempre cumple. Con sus propios plazos y a su propia manera –a menudo difícil de entender por nuestras limitadas mentes–,pero siempre lo hace si tu intención es sincera y tu Fe honesta, hambrienta más de vivencia que de relatos. Colocarse *en el umbral* es una expresión de Pedro Vidal, mi otro maestro Zen –gran amigo de Rafa– y viene de la tradición Zen japonesa. Es sin embargo universal: la *interior bodega*, que diría san Juan de la Cruz.

Habla también Paloma de la importancia de *afinar la escucha desde el Silencio*, de desarrollar la sensibilidad a lo Trascendente. El *gesto* nos ayuda a ello, porque no requiere grandes teologías: afinar la escucha nos hace sensibles a la propia Vida, con mayúscula, la que es-de-por-sí y nos es dada momento a momento, fresca y nueva a cada instante, con cada aliento en el cuerpo. El *gesto* –dice Rafa– es dejarse ser respirados, y también –en palabras de Kadowaki Kakichi Rõshi– *dejarse hacer, haciendo*. Aún hoy recuerdo al viejo jesuita y maestro Zen japonés declarando con solemnidad mientras me señalaba con su dedo: "Dios es omnipresente, pero no es omnipotente: te necesita A TI". Su *dejarse hacer, haciendo* (en el taoísmo, *Wei- Wu wei*), es la esencia misma del *gesto*: poner la acción personal a disposición de lo Superior, abandonándonos a Su Acción tal y como hizo Jesús (Padre, en tus manos encomiendo mi alma). En palabras del maestro en tiro con arco de Herrigel: "entregarse a la práctica con tal dedicación y confianza que llegue un momento en que tú ya no disparas la flecha, sino que la flecha *Se* dispara".

Tales cuestiones no pueden ser comprendidas desde el razonamiento, es necesaria la entrega a una práctica sincera para que se vayan manifestando en cada persona. Y en todo caso, como insiste la autora, hacerlas *cuerpo* en ese *gesto* que nos ayuda a sensibilizarnos y hacernos permeables al Espíritu que, para expresar la Vida, vivifica la carne y se hace Uno con ella. Como decía antes, me resulta sorprendente cómo Paloma, en tan pocas páginas, ha logrado sintetizar la esencia del camino espiritual, plasmando de manera práctica una forma accesible de recorrerlo, para personas de toda edad y condición. Como suele decir Rafa: "Ud. pruebe..., y a *ver* qué pasa".

Pablo Garmendia

*Cruzamos el infinito a cada paso; nos encontramos con la eternidad en cada segundo.*

(Rabindranath Tagore)

# Orar con el cuerpo

La expresión corporal es una parte importante de la comunicación no verbal del ser humano.

Mediante los gestos podemos comunicarnos con los demás aportando una valiosa información a la palabra. Pero también a través de los gestos podemos comunicarnos con nosotros mismos integrando experiencias, interiorizando emociones, vivenciando pensamientos, creencias, intenciones, etc. Por lo tanto, los gestos pueden ser un apoyo para la palabra e incluso pueden sustituirla y hasta hacérnosla vivir.

La palabra gesto viene del latín *gestus,* actitud o movimiento del cuerpo. Es un derivado de "*génere*" llevar a cabo, traer consigo o mostrar.

Para expresarnos mediante gestos podemos utilizar, las manos, los brazos, el rostro u otras partes. En este libro lo haremos tomando conciencia de todo nuestro cuerpo, prestando atención plena a cada una de las zonas que intervienen en él y tomando nota constantemente de lo que cada postura despierta en nuestro interior. Como un ciprés, que siente bajo su ser, el sustento de la tierra y las raíces que lo alimentan, pero a la vez, percibe la presencia de la savia que asciende por su tronco repartiéndose por cada una de sus ramas y hojas. Somos como el árbol que sabiéndose madera se eleva hacia la luz, alargando su figura como quien intenta tocar el cielo con la punta de los dedos.

Adoptando una postura corporal concreta, la persona puede predisponerse para la acción: respeto, amor, gratitud, alabanza, perdón, súplica, bendición, donación, solidaridad, acogida... Una postura física puede transformar la posición ante la vida de cualquiera de nosotros. Mediante los gestos podemos expresar nuestros valores y contribuir incluso a experimentar y hasta modificar a través de nuestro propio cuerpo, actitudes, juicios o creencias.

Cuando hacemos gestos con atención y en actitud contemplativa, nuestro cuerpo experimenta lo que pensamos, lo que decimos y lo que sentimos. En ese instante somos pura expresión de cómo está nuestro cuerpo, nuestro corazón y nuestro espíritu.

Dice Thomas Merton que todos y cada uno de los distintos momentos y hechos que acontecen en nuestra vida siembran algo en el alma, por lo tanto, desde esta perspectiva, cada vivencia, cada gesto consciente dejará una huella imborrable en nosotros.

Representando gestos de forma intencionada podemos vivenciar nuestro posicionamiento ante lo que la vida nos trae a cada momento e incluso integrarlo en nosotros mismos y hasta sanarnos. Esta apertura, basada en el asombro, nos conducirá, sin duda, a emociones como la gratitud. Ver la vida como un don nos lleva a ser agradecidos y sentirnos colmados por ese regalo que se nos ofrece a cada instante.

El lenguaje corporal puede modificar nuestro diálogo interno, catastrofista con frecuencia, y ayudarnos a conectar con nosotros mismos desde una mirada compasiva, amorosa y trascendente. Tenemos motivos suficientes para sentirnos dichosos. Basta conectar con lo esencial desde el silencio, permitiéndonos transitar por cualquier circunstancia que se nos presente por adversa que esta sea.

El gesto nos ayuda a sentir que estamos aquí y que la vida se produce ahora. Nos hace presentes y nos brinda la oportunidad de ser la presencia que somos, de forma consciente. Vaciarnos en cada postura de nosotros mismos, atravesando, entregados a la oración toda emoción o pensamiento, es una forma de poder experimentar la presencia de Dios.

Orar no es lo mismo que repetir oraciones de memoria de forma rutinaria, se trata de abrir un espacio de escucha consciente a la voz del Espíritu.

En la oración, "*Es el Espíritu que habla al Espíritu: El esquema del sujeto-objeto, del dirigirse a alguien, es trascendido; el que habla a través de nosotros es el mismo al cual nos dirigimos*", dice el teólogo Paul Tillitch.

Por supuesto que cada cultura y entorno marca la gestualidad de las personas, así como ritos, símbolos y formas de comunicarse con Dios.

Desde los orígenes de la humanidad, el ser humano se ha expresado mediante gestos. Muchas veces para diferenciarnos en cuanto a formas de ser, costumbres, creencias, etc. Pero también, con frecuencia, diferentes civilizaciones, épocas, culturas y religiones han adoptado gestos similares para expresarse.

En el cristianismo hacer la señal de la cruz, juntar las palmas de las manos, elevar los brazos, arrodillarse, tumbarse en el suelo, besar iconos o la Biblia son gestos o signos de respeto, obediencia, humildad, adoración, arrepentimiento, perdón, etc.

En el budismo e hinduismo un *mudra* es un gesto. Generalmente se realiza con las manos y es considerado sagrado por quienes lo practican. Existen diferentes *mudras*. El de la oración, por ejemplo, consiste en realizar una reverencia profunda. Las manos permanecen unidas a la altura del chakra del corazón.

Simbólicamente al unir las manos se unen los dos lados de la dualidad formando una Unidad predispuesta al Espíritu.

En el islam, los musulmanes rezan primero de pie y luego de rodillas o sentados en el suelo, inclinándose y postrándose entre ellos, recitando el Corán. Las fórmulas y gestos que utilizan en la oración o Salah se denominan rak'ah y se dividen en ocho fases acompañadas de movimientos.

Rafael Redondo se refiere a los gestos como *Gestos primigenios.* Para él en la oración alguien pide y alguien otorga, pero quien pide y quien otorga, sigue siendo la Unidad, el Ser, El no-dos. Otros los llaman *Gestos de oración*, como su maestro Willigis Jäger.

Sea como fuere, nosotros hablaremos en este libro, de los gestos como una forma de orar con el cuerpo; expresando, vivenciando y comunicando nuestra dimensión espiritual desde el silencio, la presencia, la plena atención, la contemplación o la meditación. Pueden ser practicados por toda persona que lo desee, independientemente de la religión que profese e incluso, si no fuese creyente. Igualmente, si la condición física de alguien no es la adecuada para estas prácticas, sugerimos cerrar los ojos y en actitud meditativa imaginar cada gesto como si lo estuviésemos realizando con el cuerpo.

Cuando hablemos de Dios, lo haremos en un amplio sentido, el mismo en el que lo hacen Ramana Maharshi, o Rabindranath Tagore entre otros.

Dentro de la tradición cristiana no podemos olvidarnos de los místicos renanos como el maestro Eckhart, Suso y Tauler que intentaron vivir su relación con Dios de una manera plena, desde la experiencia espiritual. Para ellos, cultivar esta relación de amor a Dios es caminar por la inmensa vida interior que nos lleva a la unión con Él.

De igual modo recordamos a Santa Teresa de Jesús y a San Juan de la Cruz, místicos para los que el camino hacia la experiencia de Dios se basa en sentir el vacío y soltar la actividad del yo para llegar a ese fondo del Ser, no sin dificultad. Juan de la Cruz lo describe como la *noche oscura*.

Dice Willigis Jäger que "*Dios, es la palabra que define un fondo originario inmenso, llegar ahí, lleva a la persona de la creencia a la experiencia*".

En este sentido, cada gesto que aquí recogemos, puede acercarnos a Dios y al prójimo desde la experiencia corporal.

Se trata de ofrecer un camino para propiciar la experiencia de Dios y decimos experiencia y no creencia, ya que de nada sirve pensar y creer en ese Ser absoluto que todo lo envuelve y habita si no hacemos nuestra su experiencia, si no sentimos de forma viva su presencia en nosotros.

Esta vivencia, a la que te invitamos, requiere desarrollarse en un entorno favorable, a poder ser, tranquilo y silencioso; ya sea en plena naturaleza, como en una sala o habitación. Debemos eliminar cualquier objeto de distracción, así como disponer de cierto orden y armonía a nuestro alrededor. Una vez interiorizada la postura que vamos a adoptar y su significado, es necesario colocarnos bien, de la manera más estable posible para lograr quietud y a la vez estar bien despiertos y atentos a lo que ocurre en nuestro interior.

Se trata de entregarnos a la postura con confianza y sin expectativas. Debemos hacerlo desde el *Silencio*, no entendido como la mera ausencia de palabra sino como la condición que nos puede conducir a la *Fuente del Ser*.

Dice Jesús:

> *Cuando reces, entra en tu habitación, cierra la puerta*
> *y reza a tu Padre que ve en lo secreto.*
>
> (Mt 6, 6)

No buscamos nada, nada pretendemos, solo ser y desde esa actitud prestar atención a todo lo que ocurre. Basta con tomar nota, dejarse respirar y sostener por esa fuerza del Espíritu que nos mantiene vivos.

Orar con el cuerpo implica silenciar nuestro yo, vaciarnos del ego y quedar receptivos para poder experimentar la presencia de Dios. No podemos llenar de agua un vaso repleto, solo vaciándolo podrá volver a llenarse. Vivir el silencio es acallar nuestro mundo interior, dejar de hacer, dejar de hablar, dejar de imaginar, para tener la experiencia de algo que ya habita en nosotros y que es un don recibido gratuitamente. Rafael Redondo suele repetir que se trata de un derecho de nacimiento, patrimonio de la humanidad.

Si durante la práctica, la postura se cae, podemos rehacerla desde una actitud amable y sin juicios.

Los seres humanos hemos buscado desde el origen de la humanidad a Dios en lo sencillo. En la actualidad nuestra vida es tan compleja que transcurre sin apenas darnos cuenta, de forma vertiginosa, estereotipada, acelerada y muy estresada, sin disponer apenas de unos segundos al día para detenernos y captar lo sutil. Urge parar y prestar atención para dar cabida a lo trascendente que reside en lo cotidiano y en cada gesto.

Vivimos prácticamente con el piloto automático activado día y noche, ajenos a lo esencial, inconscientes y con frecuencia adormilados. Necesitamos salir del *modo hacer* de la mente y descansar en el *modo ser* con más frecuencia. Tenemos la sensación de no aprovechar el tiempo si dejamos de hacer cosas.

Esta propuesta meditativa y contemplativa puede ayudarnos en el proceso de detenerse y aprender a *perder el tiempo*, como los niños, que son verdaderos maestros en no quedarse atrapados entre las agujas del reloj.

Aprendamos a vivir lo atemporal, como dice Christian Bobin en su libro *El vendedor ambulante*:

> *La historia que vives, la de cada día, es sencilla, por tanto, es incomprensible. Ningún libro la menciona, ninguna linterna de papel la ilumina. Observa. Lo esencial está en eso en lo que no reparas y que está frente a ti. Es por lo ínfimo, por lo que encontrarás lo infinito, por esa mirada serena sobre la sombra azul pintada en una taza de porcelana blanca.*

Deseamos ser dueños de nosotros mismos y recuperar nuestra plenitud, pero solo la atención plena nos lleva a ese caudal de conciencia en el que se produce el milagro.

Sentir todo el cuerpo, dejarse atravesar por la respiración célula a célula, sin ejercer control alguno es abandonarse a la vida, nacer a cada instante.

El ruido, tanto externo como interno, en el que vivimos inmersos, nos impide conectarnos con Dios, con nosotros mismos y en consecuencia con los demás.

José Arregui dice en su prólogo de *El bajísimo* de Christian Bobin:

> *Me asusta vuestro mundo, me aterra tanto poder en manos de unos pocos, me aflige el dolor de tantos hermanos, los más pequeños. Por el amor de Dios, por el amor de la Vida, os ruego: cuidadlos. Cuidad la vida pues es única en todas sus criaturas, en el corazón de las galaxias, en la humanidad de la tierra y en el gusano del camino. Solo juntos seréis felices. Solo si os sentís hermanos y hermanas de todos los seres...*

Parar. Respirar. Sentir. Contemplar. Saborear. Ver. Comprender. Dejarse Ser para Ser uno con todo, con todos.

Dice José Antonio Pagola que estamos perdiendo la capacidad para escuchar a Dios.

> "... *no es que Dios no hable en el fondo de las conciencias, es que estamos llenos de ruido y autosuficiencia, no sabemos percibir ya su presencia callada en nosotros...*".

Escuchar nos cuesta muchísimo, no sabemos hacerlo correctamente. Habitualmente atendemos al otro sin desprendernos de nuestros pensamientos e intereses. Escuchar a alguien significa oírle con atención plena acogiendo en nuestro corazón su preocupación y su sentir. ¿Qué es lo que nos impide escucharnos conscientemente? La prisa, el ego, la falta de tiempo... hacen que no sepamos detenernos los unos en los otros. Del mismo modo no sabemos escucharnos a nosotros mismos.

Se trata de permitir y permitirnos ser quiénes somos, aprender a escuchar y escucharnos desde la presencia y desde la calma. Para escuchar de este modo, necesitamos abrir la mente y el corazón, permitiendo la *expresión del Ser* más profunda y transparente. Es necesario saber escuchar desde la conciencia pura.

Pararnos en cada gesto, detenernos de la frenética actividad que nos distrae constantemente, es una forma de transformar nuestro cuerpo en oración.

Entendemos que orar es establecer un diálogo con Dios, pero en toda conversación uno expresa al otro su sentir, su deseo, su petición y una vez compartido esto, pasa a escuchar lo que su interlocutor le responde. Con Dios sucede lo mismo, aunque con frecuencia, una vez expresado nuestro parecer o hecha la súplica no damos cabida a su respuesta. Nos falta tiempo y paciencia para esperarla. Esta contestación debe llegar desde el silencio. Mientras estemos enredados en el yo digo, yo pienso, yo necesito, yo, yo, yo... no pasaremos a esa parte de escucha silenciosa y receptiva, imprescindible para llegar a tener una respuesta a nuestra demanda. Para llegar a entrar en contacto con El que te espera desde siempre en la morada interior tenemos que aprender a permanecer un tiempo entregados al silencio.

Saber estar sin hacer nada, en silencio y quietud, atentos a las sensaciones de nuestro cuerpo, a las emociones que nos inundan, a los pensamientos que desfilan por la pantalla de nuestra mente de forma constante, supone escucharnos y, por lo tanto, conocernos mejor. Aprender a dejar pasar, observando, sin engancharnos, todo tipo de objetos de la mente, nos resulta muy complejo. Una vez atendidas estas imágenes mentales y habiendo tomado nota de ellas, el silencio nos vacía de nosotros mismos. Y desde esta posición de ligereza nos predisponemos para el camino espiritual.

El tiempo que permanezcamos en cada gesto, habitando el *Sagrado Silencio*, será el tiempo de escucha atenta a la respuesta que espero de Dios en mi oración y que no siempre será la que deseamos. De ahí la importancia de estar abiertos de corazón, sin juicios ni expectativas, conscientes de que sea cual fuere esta, mana del amor incondicional del Padre. No se trata de estar con Dios sino de ser en Él. De ahí nace la aceptación de su voluntad y nuestra propia transfiguración.

Nuestra transformación y la del mundo en el que vivimos depende, sin duda, del silencio y la toma de conciencia que del mismo se desprende. El silencio nos "*quita de en medio*" y nos hace disponibles para los demás, proporcionándonos la oportunidad de abrirnos a la escucha.

Orar mediante gestos puede ser también una forma de escucha. Si somos capaces de estar presentes aquí y ahora, bien anclados a la experiencia del instante, encontraremos en el silencio de nuestro cuerpo y de nuestra mente un camino para pasar de lo cognitivo a la experiencia del Ser. Un poco de silencio amoroso es mucho más de lo que se puede comprender con el intelecto. Hacer este paréntesis en el tiempo con regularidad puede guiarnos de la razón al corazón, en ese viaje hacia adentro, sin buscar nada, abiertos a encontrar esas pistas, huellas en el viento, que vayan dando respuestas o más preguntas, quién sabe, a la incógnita eterna de quiénes somos y qué venimos a hacer aquí.

Orar con el cuerpo puede suponer para nosotros una puerta abierta hacia la experiencia de Dios, como hemos comentado anteriormente, a la vivencia de lo trascendente y, una forma de desprendernos de nuestras cargas, preocupaciones, metas, propósitos, expectativas, deseos de nuestro ego en definitiva y libres de todo ello entregarnos en cada gesto. Como se dice en el Zen, "*abandona todo y serás ayudado*".

En la vida de Jesús de Nazaret, los gestos gozan de gran importancia en la comunicación de su mensaje. Bruno Maggioni en el prólogo del libro *Los gestos de Jesús* de Franco Boscione y en referencia a la grandeza de Dios, nos dice:

> "*Los gestos de Jesús –revelados precisamente por la carne de Jesús– no son la envoltura opaca que oculta su divinidad, sino la envoltura transparente que la desvela visiblemente a los ojos de carne de los hombres*".

Olivier Clément, afirma en su libro *Los rostros del Espíritu* cómo la vida espiritual despierta en la persona una *sensibilidad de fondo* que no pertenece solo al orden de lo sensible o de lo inteligible. Es justamente lo que los ascetas denominan "*sensibilidad del Espíritu*", la capacidad de sentir a Dios en todo y más allá de las cosas. Esperamos que esta experiencia de orar con el cuerpo nos acerque a esa sensibilidad.

En este texto recogemos, mediante dibujos, poemas, citas bíblicas, pensamientos y reflexiones, el trabajo realizado durante años por mi querido amigo y maestro Rafael Redondo y en el que yo aporto mi granito de arena para el conocimiento y divulgación de ese misterio que nos habita y nos construye.

Agradecemos y atribuimos las fotografías que han inspirado mis ilustraciones, así como la breve descripción de cada postura a Pedro Calvo que realizó un primer borrador del trabajo que ahora desarrollamos Rafael Redondo y yo.

Se trata de facilitar mediante gestos nuestra relación con Dios, con lo divino, con lo sagrado, con lo trascendente, con la Fuente de la Vida (como cada uno quiera nombrarlo), transitando desde lo humano hasta lo sagrado y viceversa. Intentaremos esbozar cómo lo divino puede hacerse presente en nosotros y mediante el gesto encarnar y dar cuerpo a ese diálogo con Dios, con nosotros mismos, con nuestro Ser y con el Todo.

La fe, la vida interior, la dimensión o inteligencia espiritual que poseemos no puede quedarse en la mente, ni tan siquiera en las palabras. No es patrimonio de las ideas o pensamientos y por lo tanto no puede permanecer solo en la cabeza. Es necesario sentirla en el cuerpo para vivenciarla, predisponiéndonos así para pasar a la acción y facilitar nuestra propia transformación y por consiguiente la del mundo en el que vivimos.

Para realizar estas prácticas es indispensable acallar nuestra mente y nuestro cuerpo predisponiéndonos a escuchar y sentir el *Verbo*, la voz que nos habita desde ese *Sagrado Silencio.*

En este estado de calma, de consciencia y de presencia, los gestos pueden ayudarnos a escuchar a Dios. Mediante ellos podemos *saborearle* y sentirle muy cerca, incluso atisbar un solo sabor. Orar utilizando el cuerpo nos permite estar unidos a Dios y a lo Sagrado, a lo eterno, con Él y en Él.

De sobra sabemos que no somos solo mente, ni solo cuerpo, tampoco somos nuestras sensaciones, ni emociones, ni circunstancias, sino que somos UNIDAD. Los gestos, por tanto, nos ayudan a una mayor integración en este sentido. Esta práctica puede llevarnos a un camino de unificación.

La oración vocal, haciendo peticiones, ofrendas o alabanzas a Dios, es importante para muchas personas y algunos de los gestos que describimos se acompañan de este tipo de oración. Pero la verdadera práctica consiste en realizar y permanecer en cada postura un tiempo, en silencio, meditando, vaciándonos de nosotros mismos, soltándonos del yo y contemplando sin más, esto es verdaderamente puro. Ir más allá del deseo, de la necesidad de posesión, del control, de la culpa... para hacernos más sencillos, más humildes y más inocentes, como los niños.

Los niños, a diferencia de los adultos, integran los gestos de forma natural y desde el asombro que les produce, conectan con su interior sin prejuicios, facilitando y dando sentido a su oración. Los adultos, menos espontáneos, sentimos más pudor a la hora de expresarnos corporalmente. Siempre podemos recuperar a ese niño interior que llevamos dentro y abordar la práctica desde la curiosidad.

Aprovechamos para animaros a compartir esta experiencia con los niños de vuestro entorno. Enseñar a los pequeños a descubrir su espiritualidad y a relacionarse con Dios, con lo trascendente y con lo sagrado desde su cuerpo, adquiere una dimensión extraordinaria en su formación integral y unos cimientos sólidos sobre los que construir su vida adulta. Si tenéis la oportunidad de hacerlo, dejaros enseñar, a su vez, por esos pequeños de estatura, pero a la par, grandes maestros.

Nuestra propuesta es dejarnos llevar y situarnos frente a Dios con todo nuestro Ser, en cuerpo y alma, observando muy atentos lo que sucede, sintiéndonos protagonistas y testigos de la experiencia al mismo tiempo. Ser gota de agua y océano, ser ojo y a la vez ser lo que miramos. Necesitamos atrevernos a ver con una mirada de principiante, dejándonos sorprender y maravillándonos como cuando éramos niños.

Los gestos que compartimos en este trabajo pueden hacerse por separado o siguiendo el orden en el que aparecen, como si de una secuencia se tratase. Los nueve primeros pueden realizarse en solitario o en grupo. El décimo se realiza siempre en comunidad o sangha.

Aunque sabemos que son muchos los gestos con los que podemos orar, en este libro describimos diez, algunos realizados en varios movimientos. Se recogen los gestos descritos por Rafael Redondo y su maestro Willigis Jäger.

Hemos añadido un gesto comunitario de unión, que compartimos en Ipar Haizea (Bilbao) –Viento del Norte– una comunidad de personas unidas por la práctica de la meditación en torno a Rafael Redondo. También compartimos un modo de orar o meditar caminando de forma consciente, *Kin Hin*, en el Zen.

Con el fin de vivenciar la experiencia de forma más profunda y transformadora y de sentir conscientemente en nuestro propio cuerpo esa comunicación con el misterio, con lo sagrado, con Dios... hemos dejado un espacio en blanco detrás de cada gesto. Este espacio es una invitación al lector para expresar mediante la palabra, el dibujo o como prefiera, lo sentido, lo descubierto, lo revelado... durante la práctica.

Antes de meternos de lleno en la descripción de los gestos nos parece importante reflexionar sobre algunos aspectos.

## La importancia de la actitud

La postura corporal, emocional o anímica que adoptamos ante lo que acontece, es la actitud.

Para que la experiencia vivida durante la realización de los gestos que presentamos sea significativa es fundamental cuidar la actitud con la que nos entregamos a ellos. Es importante conocer algunas claves que puedan ayudarnos para realizarlos de forma silenciosa, meditativa y contemplativa.

## El silencio

*Siéntate en Silencio, no hagas nada. Se acerca la primavera; la hierba crece sola.*

(Aforismo Zen)

Cualquiera que sea el tipo de oración o meditación que practiquemos necesita del silencio. Definirlo y destacar su importancia sería tema para escribir otro libro.

Son muchos los autores que han hablado sobre el silencio. En los últimos años. Pablo d'Ors, Thich Nhat Hanh, Thomas Merton, José Antonio Pagola, Franz Jalics, Ken Wilber, Francesc Torralba, José Fernández Moratiel, Manuel López Casquete, Javier Melloni, Antonio Blay, Rafael Redondo, entre otros, nutren su obra de pinceladas de silencio que pueden ilustrarnos sobre su práctica, necesidad e importancia.

El *Silencio* siempre ejerce sobre nosotros una gran apertura a lo *Sagrado*, un poder que nos atraviesa y que nos va transformando gota a gota, conectándonos con la esencia de nuestro Ser.

Rafael Redondo así lo expresa:

*Tú, gran Silencio,*
*me abres la percepción de lo sagrado.*
*Tú, gran Silencio,*
*remanso de sedimentos,*
*morada natural de tu Presencia.*

Cuando uno calla intencionadamente y se abandona a ese abismo sin palabras, llegan procedentes de la morada del silencio luces que irremediablemente traslucen ecos de otra dimensión inefable, fragancias sin aroma, fragmentos sin materia, palabras sin nombre, saetas que impactan en la piel del alma para mantenernos despiertos y atentos hacia el rumbo de nuestras vidas.

Para Teresa de Calcuta, el fruto del silencio es la oración, la fe, el amor, el servicio y la paz.

Es muy difícil hablar del silencio. Manuel López Casquete, en su libro *Regreso a la felicidad del silencio* dice:

*En cierto sentido, hablar del Silencio es como mancharlo. Solo se puede hablar del ruido, de lo que no es el silencio, de lo que nos domina, de nuestras irrealidades, fantasías, locuras… Al fin y al cabo, el Silencio es abandonar todas esas locuras, quedarse en un vacío fuera del alcance de toda cadena. Abandonarlo todo y quedarse solo en la interioridad profunda, donde habita el amor". Y añade: "Pase lo que pase fuera, si el corazón se sienta en Silencio, sin hacer nada, viendo crecer la hierba, todo está cumplido. La felicidad, la libertad, el amor, el Silencio, Dios, nacen en el corazón de la vida, a cada instante. Es un momento de intensa belleza.*

También el Silencio nos proporciona un espacio para el descanso, para vivir con una actitud lúcida y atenta ante una sociedad que nos adormece y mantiene en lo superficial, deshumanizándonos. José Antonio Pagola cree que las personas estamos perdiendo la capacidad de silencio interior.

*Ya no somos capaces de encontrarnos con el fondo de nuestro ser. Vivimos distraídos inmersos en un ritmo de vida agobiante y estamos abandonando la actitud orante ante Dios.*

Para Moratiel el silencio es:

*Sobre todo es ausencia de ego, de pretensiones, ideas, expectativas. Por otra parte, la dispersión siempre engendra inquietud, inquietud que es la angustia que mucha gente padece. La distracción está tan con nosotros que es como indicadora de una urgencia de silencio.*

Pablo d´ORS afirma que:

*Tenemos nostalgia de silencio y hemos de entrar en la escuela de la interioridad porque si no, no vivimos.*

Dice Javier Melloni:

*El silencio es el vacío que posibilita lo pleno.*
*Todo lo lleno anhela el vacío*
*Para no quedar saturado de sí mismo.*
*El silencio de los sentidos, de los deseos, de la mente.*
*El silencio que nos devuelve al estado prístino de ser,*
*De simplemente ser en el Ser...*

De vivenciar el Silencio se trata, de abrirnos a lo que traiga sin expectativas: oración, contemplación, descubrimiento, crecimiento, sanación, preguntas o respuestas, es igual. La existencia plena es una experiencia y se vive en el ahora y nada más presente que nuestro propio cuerpo atento y en silencio dispuesto a recibir lo que cada gesto nos traiga.

Franz Jalics dice que "*saber algo no es lo mismo que hacer la experiencia de lo mismo*". Para él la experiencia de vivir el ahora en este instante único en el que soy, le hace sentir que toda la vida es una dádiva, y que Dios es todo, también nuestro empeño, el recogimiento, todo...

Mucho podemos decir acerca del Silencio. Lo principal, para resaltar su protagonismo, es callar y tomar conciencia de su importancia a la hora de orar o meditar, ya sea con el cuerpo como os invitamos en esta ocasión o de cualquier otra forma.

### El lugar

Elegir un lugar adecuado es de suma importancia para convertir el momento en sagrado. Podemos hacerlo en cualquier habitación o sala interior, siempre que esté ordenada y alejada de elementos distractores. Podemos realizarlo también en el exterior disfrutando de la naturaleza siempre que las condiciones climatológicas sean adecuadas. De cualquier forma, es importante disponer de un lugar tranquilo, aislado, limpio, silencioso... un espacio armónico que invite a la experiencia espiritual.

Unas velas, alguna fragancia, como incienso o palo santo, pueden abrirnos la puerta de acceso, desde el ajetreo diario lleno de actividad e inquietud, a ese *modo Ser* en busca de calma y Silencio. De cualquier forma, todo complemento es accesorio.

### La postura

Seguiremos los pasos indicados en la descripción de cada gesto sin olvidar la importancia de sostener cada postura de forma consciente, con la tensión justa y sin olvidar que no hay otro aquí y ahora que nuestro cuerpo en este preciso instante. Es aconsejable no dejar de revisar con atención plena cada parte del cuerpo que interviene en la postura que estamos haciendo.

Rafael Redondo, en su libro *Zen, la experiencia del Ser* recoge unas notas de una conversación mantenida con la maestra de meditación Mercedes Sainz, en las que afirma que la materia se transciende a sí misma.

El trabajo con la postura nos permite descubrir el ser que somos, también en el cuerpo. El cuerpo físico es el espacio material en el que se registra todo lo que el ser humano vive, acoge en sus tejidos y células, cada pulsión tanto mental, emocional o física, ya sea consciente o inconsciente, que se presenta. El cuerpo es un campo de conciencia.

La postura nos tiene que vivir y esto se consigue prestando atención, sin querer controlar, sin intervenir, sin analizar, sin interpretar. De esta forma podremos caer en la cuenta de lo que se presenta en nuestra percepción

En la actualidad las personas vivimos centradas en la mente. La razón dirige nuestras acciones, dejando de lado otras facultades, dones o capacidades. Hemos desplazado nuestro centro de gravedad, *Hara*, a la parte superior del cuerpo, perdiendo así nuestro equilibrio natural que se ubica en el bajo vientre.

De descubrir quiénes somos se trata. Abandonémonos, por tanto, a la postura y confiados en la Vida tomemos nota de quiénes somos. Nada tenemos que hacer, tan solo dejarnos Ser.

Cualquiera que sea la postura que adoptemos, nos asentaremos en la base, en la profundidad del vientre, en el *Hara,* nuestro centro vital, tanto físico como energético. Todo el peso del cuerpo se recoge en la pelvis, aligerándose así de forma natural la parte superior del mismo.

Abrirnos a esta experiencia nos revelará todo tipo de sensaciones, bloqueos, tensiones, etc. En la medida que nos abandonemos a estas resistencias y confiemos en la expresión de nuestro Ser, descubriremos una fuerza interior que surge de la profundidad y que nos sostiene sin tener que hacer nada para conseguirlo. Es un don que todos hemos recibido gratuitamente desde antes del principio de los tiempos.

## La atención

Es necesario mantener el foco atencional en nuestro gesto de manera que podamos permanecer como testigos de lo que ocurre, viviendo el aquí y el ahora desde la presencia que somos.

Seguramente aparecerán durante la práctica diferentes objetos mentales: pensamientos, emociones y sensaciones que desfilarán por mente y cuerpo a su antojo. Cada vez que observemos estas distracciones, volveremos una y otra vez a nuestro foco de atención, la postura en este caso y siempre la respiración haciendo vibrar todo nuestro cuerpo. Lo haremos sin juzgar la experiencia, sin etiquetar como bueno o malo, agradable o desagradable, lo que sucede.

Os invitamos a hacerlo desde la amabilidad, sin juicios, ni expectativas, aceptando lo que venga. Desde la entrega pueden surgir dificultades o emociones, a nuestro parecer y siempre que sea posible, lo más adecuado sería dar la bienvenida a lo que acontezca desde el asombro y la gratitud.

## La respiración

Respirar es asistir a un milagro constante. La vida se nos regala en cada respiración. Para los cristianos, un soplo divino avivó nuestro espíritu transformándonos de barro en seres humanos.

La correcta actitud respecto a la respiración es dejarnos respirar en cada gesto. Huiremos de querer controlar cada inspiración y cada espiración. No se trata de modificar su intensidad ni duración, tan solo dejarlas ser.

El flujo respiratorio se asemeja al movimiento de dar y recibir. Entregarse a la respiración tal cual es en cada momento, de forma confiada, es entregarse a la vida y al amor que somos, al amor que damos y al que recibimos.

No es nuestro ego quien respira sino quien es respirado y traspasado de arriba abajo por el Espíritu, Ruáh... fuerza que nos transciende y se hace Presencia en cada respiración.

Agradece cada respiración de forma consciente y déjate llevar por ese vaivén que se siente en cada poro de tu piel y en cada célula de tu organismo.

## El desapego

Con frecuencia nos identificamos con nuestros pensamientos, emociones, deseos, sensaciones, etc. Pero no somos ninguno de ellos.

La oración en silencio, el Zen, la meditación, la contemplación... nos entrenan a situarnos como aquel que observa esos fenómenos mentales sin dejarse arrastrar por ellos. Estas prácticas nos sitúan como testigos y observadores de lo que ocurre, aprendiendo así a dejarlos pasar como pasan las nubes por el cielo empujadas por una suave brisa.

El desasimiento nos aterra, aferrarnos nos esclaviza, pero soltar nos genera inseguridad. El miedo es producto de los pensamientos o trampas mentales, por ello, aprender a desapegarnos de estos fenómenos nos pone rumbo a la libertad. Experimentar que no soy mis pensamientos, ni mis emociones, me libera del pánico que produce dejarnos Ser.

Te invitamos, querido lector, a entregarte confiado a estos gestos para que tu cuerpo sea uno con la oración, con el silencio, con todo, y de este modo tu mundo interior se integre con el espacio exterior, siendo TODO UNO con Dios.

El Maestro Eckhart nos dice en su libro *Reflexiones y Meditaciones*:

> "... *Debes aprender a trabajar en el crecimiento espiritual de modo que la unidad conseguida se convierta en acción en el mundo y que esta acción externa te conduzca a la unidad interior...". Se trata de aprender a ser libre, de esta forma: "...no tendrás que apegarte a nada ni huir de nada. Concentra tu atención en tu vida interior y desde allí sal al exterior. Si, por algún motivo, tu vida en el mundo entra en conflicto con tu trabajo interior, dedícate a tu interior. Idealmente ambos mundos deberían marchar juntos, en ese caso estarías trabajando con Dios*".

# Algunas aclaraciones sobre las posturas

Nos parece importante concretar el significado de algunas posturas que utilizaremos en la práctica de orar con gestos, así como el significado de alguna palabra.

## Orar de pie

Permanecer de pie para orar es un gesto extendido por varias culturas. En esta postura el orante puede sentirse sustentado por Dios. Es una expresión de firmeza en la fe. Pablo en su primera carta a los Corintios dice: *¡Permaneced firmes en la fe!* Para los primeros cristianos estar de pie era el gesto normal para la oración. Esta posición representa también la resurrección, *nacer* de nuevo. La verticalidad del gesto nos permite llevar a cabo ese anhelo ancestral del ser humano, la unión de cielo y tierra, el retorno al paraíso.

Permanecer en silencio en esta postura posibilita un acercamiento de lo corporal a lo espiritual. Trascender en un gesto nos permite la unión de cuerpo y alma, de lo divino y lo humano. TODO UNO.

En esta postura podemos sentir también a la madre tierra bajo nuestros pies, enraizados en ella, permitiéndonos descansar en el *Hara* y sintiendo nuestra respiración. Observa su fluir desde abajo hasta arriba. Inspirando desde el suelo hacia la cabeza y espirando desde la cabeza hasta los pies.

## Seiza

Esta postura, también llamada "correcto sentar" es de origen japonés. Se trata de la forma utilizada para sentarse sobre las rodillas apoyando los glúteos sobre los talones con las piernas dobladas en el suelo. Se coloca la espalda recta desde la pelvis hasta la nuca. La pelvis debe bascular ligeramente hacia adelante y las lumbares mínimamente arqueadas. La nuca estirada con el mentón metido hacia adentro, como apuntando ligeramente al corazón. Se puede imaginar que un hilo invisible tirase desde nuestra coronilla hacia arriba para colocar el mentón y las cervicales.

*Seiza* es una forma tradicional de sentarse para la meditación (*Za-Zen*).

Suele hacerse sobre un tatami, alfombra, zabutón, futón...Existen también banquitos de meditación para que la postura resulte más cómoda y no requiera tanta exigencia

Sentarse a meditar u orar en esta postura que simula la flor de loto nos recuerda la postura del Buda histórico en el momento de su iluminación.

## Orar con las manos

Las manos son una parte esencial del cuerpo humano. Gozan de gran simbología y reflejan parte de nuestra espiritualidad. Con las manos *hacemos* casi todo: abrazamos, acariciamos, cogemos, entregamos, acogemos, rechazamos...

En los gestos para la oración utilizaremos las manos para acercarnos a la experiencia de Dios y de los demás. Dejaremos que el Espíritu se acerque a ellas y penetre en nuestro cuerpo y en nuestro Ser.

## Postrarse en la tierra *(postratio)*

Es común en todas las religiones y desde tiempos ancestrales, tumbarse en el suelo ante la divinidad, ante Dios. Jesús lo hizo en Getsemaní cuando su rostro se apoyó en la tierra para orar.

Una de las experiencias que podemos sentir con esta postura es la de abandonarnos a la tierra y quedar en manos de Dios, descansando y confiando en su amor. Adorar, pedir, expresar humildad, reconocer que somos barro, polvo y fundirnos con la tierra pueden ser otros matices de este gesto.

También podemos sentirnos parte de la naturaleza que somos.

## ¿Qué es el *Hara*?

Para Dürckheim es el centro vital del ser humano. Es el lugar en el que deviene la vida universal en Vida existencial. Podríamos decir que es la ubicación del Ser esencial.

Físicamente se encuentra situado en la región umbilical, a unos cinco centímetros por debajo del ombligo. Literalmente la palabra *Hara* significa vientre.

Aunque es un término japonés no es privativo del mundo nipón. Dürckheim dice en su libro *Hara* que se trata de un don original que recibe el hombre y que cuando su conciencia le hace perder lo que el *Hara* representa, tiene el deber de recuperarlo. Sería como el camino que nos conduce a la unidad. La presencia del *Hara* en una persona denota su eje interior, su centro, sería algo similar a un tronco que mantiene un firme asiento.

Dürckheim dice:

> *Actitud erguida, estable y recogida; estas son las tres características que, a los ojos de los japoneses, expresan la presencia del Hara.*

En el *Hara* se recoge la unión del cuerpo con el fondo del Ser. Es el lugar de reencuentro entre el cuerpo y alma sin dualidad alguna. Se puede alcanzar mediante el ejercicio y la práctica.

Para Dürckheim,

> *El hombre que realmente dispone de Hara no solo tiene una fuerza física; es otra fuerza totalmente distinta la que le permite vencer ... El Hara confiere a la persona, en su totalidad, una cualidad específica; se podría incluso decir que hace de ella una persona 'total'. Aquel que no posee Hara no es total.*

En alguno de los gestos que presentamos en este libro trabajaremos y haremos referencia a esta palabra.

## Breve descripción de los gestos

1. En pie, brazos extendidos y puños cerrados.
2. En pie, brazos extendidos, ligeramente elevados y palmas hacia arriba.
3. En pie, brazos más elevados y palmas hacia arriba.
4. En pie, cabeza ligeramente inclinada y brazos cruzados en el pecho.
5. Bajarnos a la tierra y sentarnos.
6. Con las manos cruzadas en el pecho en *seiza*.
7. Nos postramos con las palmas de las manos en el suelo y la frente entre estas
8. Tumbados en el suelo boca abajo. La frente apoyada sobre las manos.
9. Nos incorporamos nuevamente en *seiza* con las palmas de las manos hacia arriba sobre las piernas.
10. Incorporación en pie, brazos elevados y palmas de las manos de frente.
11. En pie, palmas de las manos unidas y ligera inclinación de cabeza.
12. Caminar consciente. *Kin Hin*.
13. Gesto comunitario. Círculo de amor.

## En pie, brazos extendidos y puños cerrados

*Posición de predisposición para la acción*

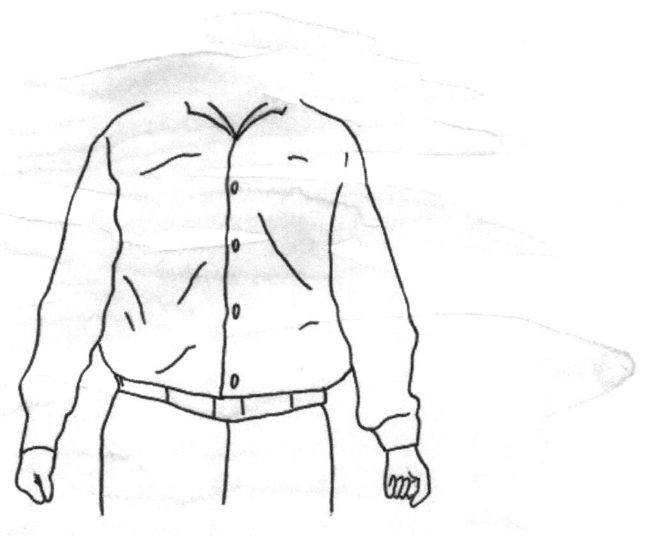

Este gesto se puede utilizar para crear consciencia en infinidad de ocasiones.

De esta postura podemos extrapolar cuál es la actitud que va a impulsarnos a realizar una acción concreta.

Puede ser un acto hacia mí mismo de amor, perdón, autocompasión...

Puede ser también una acción hacia otra persona, igualmente de amor, perdón, compasión, reconocimiento, respeto, solidaridad...

Nos permite emprender, además, un movimiento hacia el mundo, hacia la naturaleza, hacia todos los seres vivientes, derramando sobre ellos todo el amor que somos y recibimos de Dios y de la Vida a cada instante.

La primera acción a emprender es *vivir.* Vivir conscientes y atentos, muy atentos.

La poeta Alicia Martínez nos dice:

*No hay otra vida que la de cada día,*
*ni otro oficio que el de estar despiertos para recibirla.*

Recibamos pues a la vida así, despiertos y dispuestos a vivirla en plenitud.

El arzobispo brasileño Helder Cámara, dedicado a los desposeídos y defensor de los derechos humanos, acostumbraba a decir que cuidásemos nuestras formas de vida, ya que nuestras acciones son los únicos evangelios que muchas personas podrán leer.

Jesús nos envía también a colaborar con su proyecto del Reino de Dios y prolongar su misión actuando no solo con palabras sino también con hechos. Nos hace participes así de su vida y de lo que Él anuncia.

En Mc 6, 7-10. Jesús nos invita a actuar llevando para el camino solo bastón y sandalias. Siempre caminando sin atarnos a nada ni a nadie, solo con lo imprescindible, "*ligeros de equipaje*". Caminar sin depender de nada, solo de la gracia de Dios. Esta actitud puede hacer que nos sucedan cosas sorprendentes.

Estar dispuestos para esta acción de transformación, abiertos a lo que tenga que venir, es también todo un reto para nuestros días. Un acto de responsabilidad y compromiso y hasta nos atreveríamos a decir que también de coraje y rebeldía.

> *En aquel tiempo, llamó Jesús a los Doce y los fue enviando de dos en dos... Les encargó que llevaran para el camino un bastón y nada más, pero ni pan, ni alforja, ni dinero suelto en la faja; que llevasen sandalias, pero no una túnica de repuesto.*

Muchas veces nuestro corazón se siente herido ante las situaciones de violencia, injusticia y desigualdad que nos rodean. Lejos de mostrarnos impasibles ante tanto dolor, tomar conciencia de ellas puede ser también un punto de partida para la acción consciente.

**La Palabra del Hombre**

*Mi oración, Dios mío, es esta:*
*Hiere, hiere la raíz de la miseria en mi corazón.*
*Dame fuerza para llevar ligero*
*Mis alegrías y mis pesares.*

*Dame fuerza para no renegar nunca del pobre,*
*ni doblar la rodilla al poder del insolente.*

*Dame fuerza para levantar mi pensamiento*
*Sobre la pequeñez cotidiana.*

*Dame fuerza, en fin, para rendir mi fuerza*
*Enamorado, a tu voluntad.*

(Rabindranath Tagore)

También podemos emprender, paradójicamente, la acción de *no hacer nada*, de *dejarnos hacer...*

> *Por tanto, os digo: No os afanéis por vuestra vida, qué habéis de comer o qué habéis de beber; ni por vuestro cuerpo, qué habéis de vestir. ¿No es la vida más que el alimento, y el cuerpo más que el vestido? Mirad las aves del cielo, que no siembran, ni siegan, ni recogen en graneros; y vuestro Padre celestial las alimenta. ¿No valéis vosotros mucho más que ellas ¿Y quién de vosotros podrá, por mucho que se afane, añadir a su estatura un codo?*
>
> (Mt 6, 25-31)

*Espacio para escribir o dibujar sobre la experiencia vivida realizando este gesto.*

## En pie, brazos extendidos, ligeramente elevados y palmas hacia arriba

*Hermoso gesto de elevarnos en alas a lo eterno*

Con este gesto recogemos toda la simbología descrita anteriormente respecto a orar en pie. La extensión de los brazos con las palmas hacia arriba es un gesto que se encuentra en la liturgia cristiana. Casualmente alguien también lo encontró en el interior de una tienda de antigüedades en una calle de Venecia, en una estatuilla del África negra.

El Aikido (vía de la unificación de la energía vital o camino de la unión de la energía) es un arte marcial tradicional moderno del Japón. Fue desarrollado inicialmente por el maestro Morihei Ueshiba (1883-1969). También en esta práctica encontramos este gesto.

Anterior al Aikido sintoísta de Ueshiba en la religión Böm Po del Tibet (religión animista) también se aprecia este gesto en una danza ritual.

Igualmente puede verse en el arte rupestre prehistórico en la población turolense de la Fresneda. Hoy, lamentablemente, hay sobre él un depósito de materiales de construcción, pero la gente del pueblo lo recuerda y quedan fotografías (2013).

En los Alpes franceses también existe la misma representación.

Es un hermoso y ambivalente gesto que nos ayuda a integrar tanto el dar como el recibir y nos permite traslucir a Dios; bajarle de la mente y acercarle a nuestro cuerpo, pasarle de la razón a la experiencia.

Esperar atentos para acoger lo que venga y a la vez entregarnos confiados y con las manos vacías y abiertas a lo que traiga cada instante.

Aceptar no significa resignarse. No se trata de adoptar una actitud pasiva ante el problema o situación que se nos presenta. A veces estamos tentados a abandonarnos a nuestra suerte cuando no tenemos control alguno ante la realidad. Aceptar, por el contrario, es admitir que el dolor y el sufrimiento forman parte de la vida. Cuando dejamos de luchar contra la realidad, que no podemos controlar, es cuando podemos entregarnos confiados a la Fuente de la Vida en este gesto y paralelamente en nuestro caminar diario.

A través de esta postura podemos también tomar conciencia de una de las causas más importantes a la que dedicarnos en esta vida: El servicio a los demás. Se trata de dar lo que tengo, donar lo que soy y he recibido gratuitamente. Este gesto puede impulsarnos a trabajar para fomentar la Paz, en cualquiera de sus formas.

Las manos abiertas pueden ayudarnos a tomar conciencia de la necesidad de asistir a cualquiera que lo necesite estando disponibles.

*Espacio para escribir o dibujar sobre la experiencia vivida realizando este gesto.*

# En pie, brazos más elevados y palmas hacia arriba

*El gesto se hace donación al cielo*

Este gesto se hace en dos partes.

**Primer paso**

*Seguimos elevando los brazos con las palmas de las manos abiertas.*

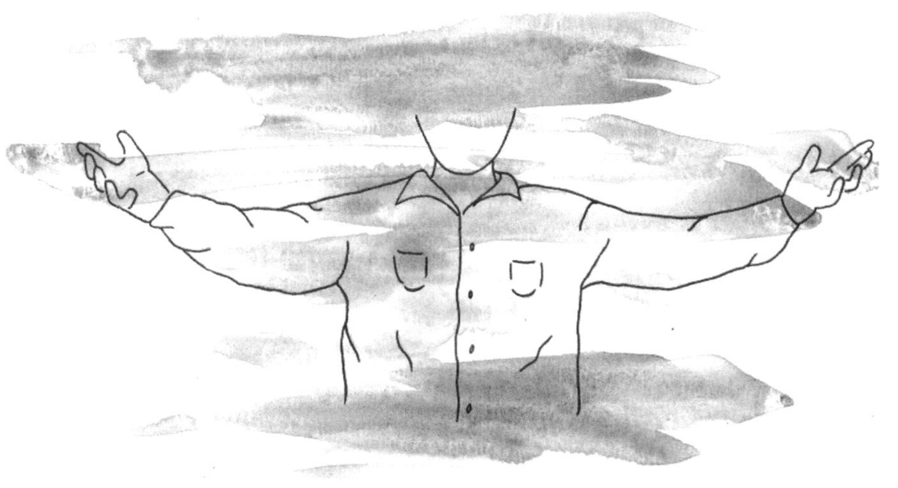

Este gesto nos recuerda la postura de Cristo en la cruz. Con él podemos interiorizar la *cruz* que cada uno de nosotros llevamos.

Así mismo, sentir que hacemos una donación al cielo, que nos donamos a Dios y que estamos abiertos a Él y a todos los seres humanos.

Podemos experimentar también que damos un abrazo a la naturaleza, a los animales, al mundo, al universo, al cosmos... interiorizando que somos parte de todo y uno con todo.

*Padre Dios, aquí estoy en pie, elevando mis brazos como alas hacia el cielo, hacia ti.*
*Mis manos abiertas, estas manos sagradas hechas por tus manos creadoras, dispuestas a dar y recibir, a recibir y dar...*
*Elijo, Padre, abrirlas para ti y en este gesto donarme y recibirte.*
*Donar mi protección al débil, mi compasión al que sufre, mi caricia al que llora, mi Amor a todos sin excepción.*
*En mis manos, Abbá, atisbo tu presencia, la hago piel en mi piel, carne en mi carne.*
*En ellas te recibo a ti en el prójimo y acepto lo que tenga que venir.*
*Aquí sigo en pie, elevándome en alas a lo eterno.*
*Aquí estoy, Jesús, re-cor-dando que compartimos tu cruz y que mi amoroso abrazo me une a todos los seres.*

(Paloma San Román)

*Espacio para escribir o dibujar sobre la experiencia vivida realizando este gesto.*

## Segundo paso

*Consiste en elevar por completo los brazos, las manos siguen abiertas, entre ellas la cabeza levantada y los ojos abiertos mirando al cielo.*

En el Antiguo Testamento encontramos este gesto cuando se habla de orar. La mayoría de las veces se hace alzando las manos hacia Dios. Por ejemplo, en Génesis 14, 22 podemos leer: *"Elevo mis manos al Señor, el Dios altísimo"*.

También en el Nuevo Testamento se hace referencia a este gesto. En Jn 21, 18 Jesús le dice a Pedro:

> *Te aseguro que cuando eras más joven, tú mismo te sujetabas la túnica con el cinturón e ibas donde querías; pero cuando seas viejo, extenderás tus manos, otro te la sujetará y te llevará a donde tú no quieras.*

Para los primeros cristianos orar era sinónimo de alzar las manos hacia Dios.

Es importante hacerlo adoptando una postura firme y consistente, para ello es aconsejable separar un poco los pies y que el peso de los brazos se sostenga con los músculos del abdomen (*Hara*). Tomar conciencia de la postura adoptada es de gran importancia. Por una parte, los pies en la tierra, arraigados en ella. Por otra, los brazos bien estirados hacia arriba nos acercan a Dios. Con esta toma de conciencia podemos sentirnos más libres, más grandes y más positivos.

Con este gesto podemos alabar a Dios y sentirnos UNO con el TODO en un abrazo universal.

> *Tu amor es mejor que la vida; por eso mis labios te alabarán. Te bendeciré mientras viva, y alzando mis manos te invocaré.*
>
> (Salmo 63, 3-4)

Llegar a comprender que todo es unidad implica aceptar también el dolor, el sufrimiento, la enfermedad, las pérdidas, etc. Con este gesto podemos tomar conciencia de la necesidad de aceptar y abrazar no sólo lo positivo que nos ocurre sino también nuestras sombras y lo que a nuestro parecer es negativo.

*No cierro el puño,*
*Así mis posesiones son más ligeras.*
*La mano abierta acoge*
*tu amor en su intemperie.*

*Unidad vivificante, que nada cambia*
*externamente, que, sin embargo, hace que todo*
*se viva de modo diferente...*

(Rafael Redondo)

*Espacio para escribir o dibujar sobre la experiencia vivida realizando este gesto.*

## En pie, cabeza ligeramente inclinada y brazos cruzados en el pecho

*Este gesto es para nosotros. Incorporar lo vivido en nuestro cuerpo. Hacerlo nuestro*

Se trata de un gesto común a varias culturas y religiones.

Expresa la custodia de algo sagrado que hay en nuestro interior. Es un gesto íntimo que nos sitúa muy cerca del corazón.

Es una postura de ternura y reconocimiento de que somos habitados por un amor inmenso e incondicional, el amor de Dios.

Nuestros brazos cruzados simbolizan la protección de nuestro sagrado espacio interior.

Esta postura nos permite abrirnos a nuestra interioridad y sentir el "milagro" de Ser y de existir.

Es también una muestra de amor hacia nosotros mismos, integra nuestras dualidades y nos permite aceptarnos tal y como somos en un gesto autocompasivo.

Permanecer en esta postura nos aporta seguridad y confianza. Mediante este gesto podemos tomar conciencia de que el cuerpo puede ser nuestro lugar tranquilo y seguro, nuestro hogar. Pero sobre todo podemos advertir el amor de Dios que nos habita y nos hace templo de su Presencia.

Cuando oramos en esta posición podemos sentirnos llenos del amor que somos, del amor de Jesús, de su calor y tomar nota de lo que se despierta en nosotros a nivel emocional, espiritual e incluso físico.

Igual que Jesús acoge a un niño abrazándolo en Mt 9, 36, acogemos a nuestro niño interior sanándolo.

> *Tomó en sus brazos a un niño, lo puso en medio de ellos y les dijo: El que acoge a uno de estos pequeños en mi nombre me acoge a mí; y el que me acoge a mí, no es a mí a quien acoge, sino al que me ha enviado a mí.*

*Tú, ingrávida Presencia,*
*que lavas toda sombra*
*Y alumbras los abismos...*

*En los momentos duros, te invoco, Abbá, con mi voz.*
*Y convoco a tu Aliento, en el más hosco*
*desaliento.*

(Rafael Redondo)

*Espacio para escribir o dibujar sobre la experiencia vivida realizando este gesto.*

## Bajarnos a la tierra y sentarnos

*Con las manos cruzadas en el pecho en seiza*

Repetimos en este gesto la simbología explicada en el anterior sobre las manos cruzadas en el pecho.

Ahora nos bajamos al suelo y nos sentamos en "seiza" o "correcto sentar". Como explicamos en la primera parte del libro, consiste en doblar las piernas sobre el suelo y sentarse de rodillas apoyando los glúteos sobre los talones. En Japón es una práctica cotidiana que utilizan para comer o tomar el té. También se utiliza con frecuencia en el Yoga y para meditar (Za-Zen). Recuerda que para realizar esta postura puedes acomodarte en un banquito de meditación, zafu, etc.

Es un gesto que expresa humildad. Al bajarnos nos hacemos pequeños y podemos sentir lo que significa olvidarnos de nosotros mismos.

*Bajo al suelo.*
*Descalza, desnuda por dentro.*
*Sentada sobre mis talones.*
*Palomas aladas mis manos cruzadas en el pecho.*
*Cobijo para mi corazón amante.*
*Hogar para el soplo que atraviesa mis entrañas*
*y revela el misterio sagrado.*
*Espíritu que cruzas mi Ser de Cielo a Tierra*
*y te acomodas un instante en mi vacío...*
*y me enraízas en lo eterno poco a poco...*

(Paloma San Román)

*Tú, envolvente Presencia,*
*Experiencia viva del Ser,*
*de todos patrimonio...*
*Nunca defraudas.*

"*... Tú eres lo Oscuro*
*y la Claridad de todo ser.*
*Así te siento*
*cuando me siento...*

(Rafael Redondo)

*Espacio para escribir o dibujar sobre la experiencia vivida realizando este gesto.*

***Postrarnos con las palmas de las manos en el suelo y la frente entre estas***

De la postura anterior nos colocamos en el suelo, "*Postratio*". Es un gesto de caer sobre la tierra, común a todas las religiones.

En el Nuevo Testamento, Jesús en varias ocasiones se dirige al Padre con este gesto. En Getsemaní se postra pidiéndole a *Abbá* que a ser posible apartase de él ese cáliz, aceptando finalmente su voluntad totalmente entregado y confiado (Mt 26, 39).

Puede expresar humildad, ofrenda, sumisión e impotencia.

Nos quedaremos con la constatación de que somos polvo y con esta postura empezar a desaparecer, aceptando como Jesús lo que tenga que venir.

*Ser Nada...*
*Hacerse uno con la tierra,*
*transparentar el Ser*
*a través de la Luz proyectada sobre mis cenizas.*

*Y ahí, bien pegada al suelo,*
*pequeña y humilde,*
*siendo UNA con TODO.*
*En tus manos, Abbá, pongo mi vida.*

(Paloma San Román)

*... Observar que el sonido del silencio, es constatar que no hay nada que alcanzar.*

*Detectar que solo ese ser silencioso merece el sin-nombre del nombre del Dios que es padre y madre.*

*Comprender que solo el Ser es y que vivir semejante comprensión es vibrar de los pies a la coronilla, más allá de los límites de la piel... eso es la liberación.*

*Vivir un gran amor...*

(Rafael Redondo)

Dice el Maestro Eckhart:

*El hombre vacío es el que no tiene ya ni siquiera un pensamiento sobre Dios.*

No se trata de un vacío como algo incompleto al que le falta contenido, sino estar plenamente transparentes y disponibles para dejarnos atravesar por el Espíritu. Vacíos de ego para poder ser ocupados por la Luz.

Meditar en esta posición puede ayudarnos a vencer el ego sin lucha, sin confrontación. Si evitamos tener el foco de atención en nosotros mismos iremos trascendiendo el ego que perderá fuerza mientras lo ignoremos, a la vez que el Espíritu se hará Presencia ocupando ese *vacío.*

*Espacio para escribir o dibujar sobre la experiencia vivida realizando este gesto.*

*Tumbados en el suelo boca abajo.*
*La frente apoyada sobre las manos*

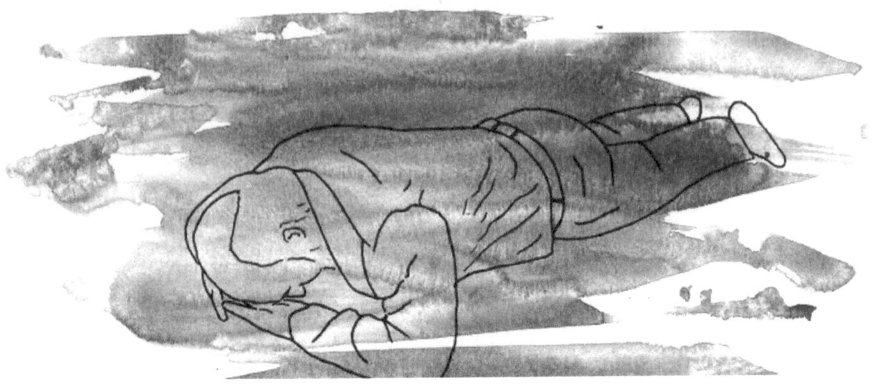

Con este último paso del gesto experimentamos *terminar siendo uno con la tierra*. Desapareces para que el Ser pueda "vivir en ti" perdiendo así la propia identidad que te facilita el ego.

Desaparecer, vacío de uno mismo, para fundirse con la tierra volviendo al polvo en un gesto de humildad y entrega.

¿Qué sientes cuando tu *Hara* está pegado a la tierra?

*No hay sombra sin Luz...*
*Urge hacerme a un lado*
*y morir a cada instante.*
*Desaparecer para lucir.*
*Vaciarse para llenarse.*
*Traslucir para Ser.*
*Ser para vivir en mí.*
*Sed para beber en Él.*
*Volver a la tierra de la que salí, ser nada*
*y que la luz me traspase*
*y transparente Vida.*

(Paloma San Román)

En la película *El nombre de la Rosa*, inspirada en la novela del mismo nombre de Umberto Eco, vemos al monje *Humbertino da Casale* en ese mismo gesto.

Esta postura en la que permanecemos tendidos en el suelo nos acerca a las profundidades de nuestro propio Ser desde la humildad y la sencillez de sentirnos nada.

Como sabemos, la palabra "*Hara*", para los japoneses, es el centro de gravedad de su propio cuerpo, se traduce por vientre.

Según Dürckheim, la palabra "*Hara*" posee un sentido simbólico que "implica un estado global del hombre. En ese estado el hombre está liberado de su pequeño yo, se siente liberado del deseo de dominar, liberado del temor a sufrir, del querer seguridad, de toda presunción...".

Quien permanece centrado en el *Hara*, se halla situado, en el "centro justo del Ser", y permanece abierto a su fuerza y plenitud; esas fuerzas que –añade Dürckheim *"le forman y le salvaguardan y le transforman"*.

Por eso, afirma Rafael Redondo, fijado en su *Hara* que: *"El ser humano se puede permitir su misión en el mundo, que no es otra que la de, joven o anciano, manifestar la potencia que le llega de su Ser Esencial, y que cobra forma de iniciativa, eficacia, creatividad, amor..."*.

*Ajeno al cuerpo de su dueño*
*el oído, dejó, por un instante,*
*de ser el solo oído;*
*se olvidó de captar*
*sonidos para sí.*
*Y, así, desmemoriado,*
*y así, tan desasido de sí,*
*y así, tan olvidado de sí,*
*la música, entera,*
*se desplegó por todo el cuerpo,*
*cubriéndolo de su breve inocencia.*

(Rafael Redondo)

*"Otra tarde lluviosa.*

*Una tras otra, y otra y otra, siguen pasando interminables,*
*las nubes; sin dejar huella,*
*sin pararse a pensar en su extinción.*

*De nada huyen, nada persiguen que no sea su propio desfilar.*
*No necesito hoy más kôan que dejarme arrastrar por la gracia que concede el ser del viento;*

*hacerme uno con su soplo. Dejarme aventar.*
*Que, al igual que las nubes, lo mío, y lo tuyo, y lo de todos, es pasar...*
*Y constatar que todo es gracia".*

(Rafael Redondo)

*Espacio para escribir o dibujar sobre la experiencia vivida realizando este gesto.*

## Incorporarnos nuevamente en *seiza* con las palmas de las manos hacia arriba sobre las piernas

***Al sentarnos en el suelo, nos empequeñecemos. Es una posición ambivalente. Las manos con las palmas hacia arriba pueden representar una actitud de pedir o de ofrecer. ¿Qué sientes?***

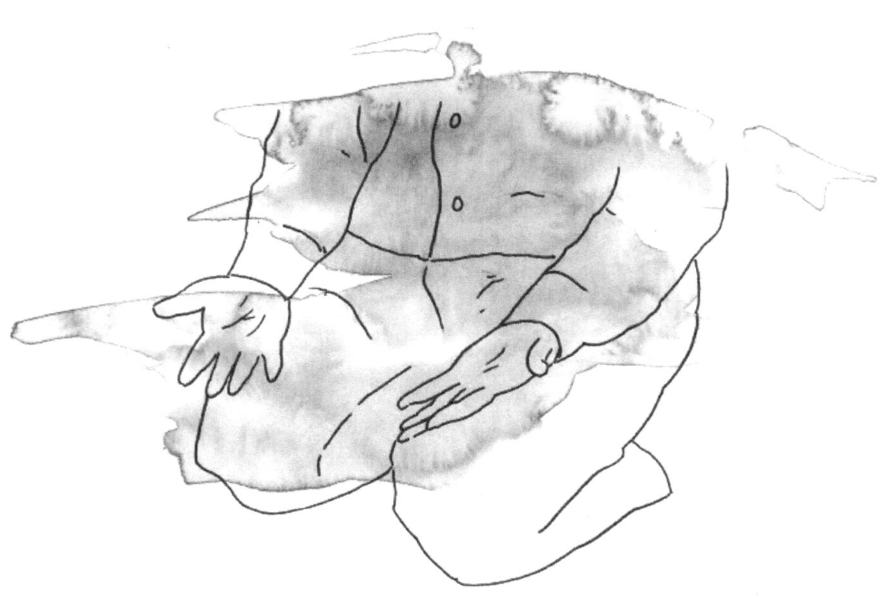

Con este gesto de oración podemos pedir, pero sobre todo nos invita a estar disponibles.

Con frecuencia nos dirigimos a Dios como si fuese un mago. Queremos que intervenga en nuestra realidad transformándola según nuestras necesidades. Rezamos para pedir sin darnos cuenta de que no oramos para que las cosas cambien sino para nuestra propia transformación. Pedimos porque sentimos a Dios separado de nosotros. Cuando experimentamos que nos habita dejamos de desear conseguir algo y pasamos a sentir su Presencia en nosotros quedando libres y confiados en que se nos dará lo que necesitamos, aunque no sea lo que pedimos.

> *"Pedid y se os dará; buscad y encontraréis; llamad y se os abrirá. Porque todo el que pide recibe, y el que busca encuentra y al que llama se le abre".*
>
> (Mt 7, 7-9)

Tenemos las manos abiertas hacia arriba, dispuestas a dar, a entregar, a despojar-nos de todo. El pecho abierto, con espacio para dejarnos respirar por ese soplo de vida que es el Espíritu, Ruáh.

Mostrar nuestras manos vacías puede contener el deseo de estar ligeros de peso, vacíos, ser nada, entregarnos a lo que tenga que ser, a lo que venga. Podemos presentarle a Dios, lo que somos, lo que hacemos, lo que sentimos...

Jesús oró a su Padre llamándolo *Abbá*, en Getsemaní, para suplicarle que apartase de Él el Cáliz de su muerte inminente; pero a la vez le pide que no se haga su voluntad sino la del Padre. Jesús accede así, a que ocurra lo que tenga que ocurrir. De esta manera se pone en manos de Dios Padre haciéndose disponible y entregándose a esa voluntad superior, a ese Todo del que formamos parte eternamente.

*"Padre, en tus manos encomiendo mi espíritu! Y al decir esto expiró".*

(Lc 23, 46)

Rafael Redondo expresa ese donarse al Silencio, a la *sentada* al Za-Zen, sin objeto. Sentarse para entregar-se a la respiración y sentirse respirado.

**Sentarse, sin más**

*La meditación de hoy brotó entre nimbos. Un cielo de plomo que el sol no puede romper. Mas la contemplación es una saeta que penetra los puntos cardinales. Sin necesidad de moverse...*

*Sentarse sin más. Eso es despertar: cuando tus células se abren por todos los poros de tu cuerpo al infinito.*

*Cuando ya no eres tú quien respira, sino que eres tú el respirado. Y los miedos se adelgazan en una combustión que se va haciendo lentamente perceptible.*

*Sentarse sin más; la meditación no tiene objeto.*

*Comprobar la fiebre del existir latiendo a lo largo de tu columna, partiendo del volcán del Hara. Tu cuerpo arraigado en la Salud.*

*Arder, de modo incombustible, en el corazón mismo del amoroso Fundamento*

*Sentarse sin más, perseverante, como un nenúfar lo hace en el remanso del río; sin más. La rosa nace sin porqué...*

*florece porque sí, no pregunta si se la ve. Su belleza radica en que ella misma ignora que es tan bella...*

*No sabemos pronunciar ese fuego que desde nuestra entraña nos enciende. Imposible hacerlo con las 28 letras de nuestro alfabeto.*

*Callaremos.*

(Rafael Redondo)

**Respirar**

*Permanecer abierto a la apertura*
*del aroma que llega de la Nada;*
*andando por senderos inconclusos,*
*y sin más referencia*
*que no sea la forma sin forma*
*que envuelve el oloroso cedro del vacío.*

(Rafael Redondo)

*Tus manos, oferentes*
*vacías de tanto dar,*
*hermano nazareno...*
*Tú, que sólo eres don,*
*no naciste Señor ni Don*
*como piden llamarse*
*los dueños y señores de la Tierra;*
*sólo elegiste ser Hijo del Hombre,*
*tan desnudo e inerme,*
*tan libre, tan vacío y desprendido*
*que nada pudo ya la muerte arrebatarte.*
*Hacerte Hombre, sí,*
*en eso consistió tu noble poderío:*
*"Creedme yo he vencido al mundo"*
*clamó tu soledad.*
*Esa fragilidad omnipotente,*
*–lo digo, nazareno, agradecido,*
*–es la única razón que a algunos nos mantiene vivos.*

(Rafael Redondo)

*Espacio para escribir o dibujar sobre la experiencia vivida realizando este gesto.*

## Incorporación en pie, brazos elevados y palmas de las manos de frente

*Manteniendo la actitud del donante.*

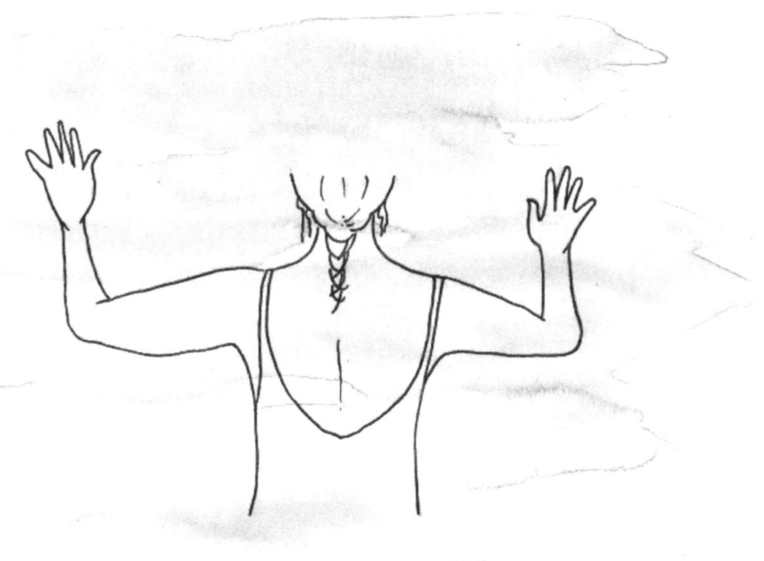

Nos incorporamos de *Seiza* elevando los brazos, manteniendo así la actitud de entrega. Seguimos donando lo que somos, continuamos dándo-nos.

¿Qué puedo ofrecer yo a la Vida, a Dios, a los demás? ¿Cómo puedo yo ofrecer-me?

Esta postura puede hacernos sentir que los brazos de Dios se extienden hasta los nuestros traspasando todos los límites; la punta de sus dedos nos busca y nos encuentra, el calor de su piel nos roza acariciándonos sin pedir nada a cambio. De este modo, nuestros brazos son extensión de los sagrados brazos de Dios.

En esta postura me rindo y me siento disponible.

*Padre mío, te ofrezco lo que soy.*
*Mi verdad, mi desnudez, mi pequeñez, mi yo.*
*Quiero donar, donar-me en cada acción,*
*en cada gesto, en cada palabra, en cada respiración,*
*y que tú me respires.*
*Quiero que mis brazos sean prolongación de los tuyos.*
*Quiero desaparecer para que aparezcas tú en mí, yo en ti...*
*Abbá, a ti me entrego.*
*Me ofrezco, me rindo, me doy.*
*Soy nada, nada soy.*
*Padre mío, quiero ser solo instrumento de tu Amor, de tu Paz, de tu Luz...*
*Quiero ser en ti y a ti levanto mis brazos.*

(Paloma San Román)

*Ahora, que ya declina el día,*
*cuando asoma en el rostro de mi cuerpo*
*el cansancio de las horas,*
*te doy mi gratitud, Fuente de Vida,*

*por todo el recorrido de los rostros;*
*por todos esos ojos, para mí tan inmensos y tan nuevos,*
*por donde yo también miré desde la aurora;*
*por esas palabras hondas, que sólo desde ti,*
*y a tu dictado,*
*yo dije,*
*me dije*
*y me dijeron.*
*¡Cuánta eternidad, en ellas y ellos...!*
*¿Cómo no haber sentido el Todo en todos?*
*Te doy mi gratitud, Fuente de Vida.*
*Ahora que declina el día...*

(Rafael Redondo)

*Espacio para escribir o dibujar sobre la experiencia vivida realizando este gesto.*

## En pie, palmas de las manos unidas y ligera inclinación de la cabeza

*Gesto de UNIDAD y señal de respeto y gratitud.*

Inclinar la cabeza es señal de respeto y gratitud, también de adoración.

Cuando hago este gesto dejo de mirarme a mí mismo, de pedirle a Dios algo para mí y paso a mirarle solo a Él, inclinándome ante su grandeza e infinitud.

Con esta postura dejo de sentirme el centro de atención apartándome hacia un lado y tomando conciencia de su presencia en mí y en toda la creación. Me inclino ya desposeído y libre de mi ego.

De este modo me dejo llenar por Él, siento que me habita y me inclino desde lo profundo de mi Ser.

Con las manos juntas nos ofrecemos a Dios rendidos a su voluntad, que no es otra más que yo sea feliz, encuentre sentido a mi vida y me pueda realizar plenamente. La voluntad de Dios es como la de aquel sembrador que cuida sus tierras para que las semillas den fruto en abundancia.

Unir las manos e inclinarse es señal de respeto y gratitud. Simboliza también reconocimiento a toda la creación, sedienta de infinito.

Es necesario permanecer en esta postura de forma estable. Podemos separar ligeramente los pies y apoyarnos en el *Hara* para tener un sustento sólido y firme.

Podemos anclar nuestra atención en la sensación que produce la palma de una mano sobre la otra, su presión, calor, energía... Las manos juntas nos dan unidad, por ellas fluye todo nuestro ser. Pensamientos, emociones, sensaciones, que pasan del hemisferio derecho al izquierdo de mi cuerpo y viceversa hasta que el mismo Espíritu pasa también, entre ellas, en forma de fuerza amorosa que inunda hasta mi vena más profunda.

Orar con las manos juntas es un gesto que nos hace conscientes de estar en presencia de Dios.

*"El Señor cumplirá en mí su propósito. Tu gran amor, Señor, perdurará para siempre; ¡No abandones la obra de tus manos!".*

(Salmo 138, 8)

*Cruda borrasca,*
*aunque el barco zozobra,*
*un sendero de aurora...*
*avista el Timonel.*
*Remar... No queda otra.*
*Pero en manos de ese Timonel*
*dejo las mías.*

*Cual centinela al alba,*
*sigue aguardando en pie*
*mi sed de Ti.*
*Al margen de las horas,*
*Y ahora, entrada ya la noche...*
*Scio cui credidi*
*(sé de quién me he fiado).*

*De mí me exilio,*
*jamás de tu ternura,*
*Maestro amigo.*

*Tu presencia,*
*es más que sospechosa...*

*Calmar los malos tragos,*
*los que generan sed sobre sed*
*en ese Manantial oculto...*

*Tú, honda Presencia,*
*reventando las brumas,*
*luz de alborada...".*

*"Constatar desde el silencio*
*los motivos reales que nos sobran*
*para hacer dichosa la existencia...*

(Rafael Redondo)

*Espacio para escribir o dibujar sobre la experiencia vivida realizando este gesto.*

## En pie, erguidos en una postura estable, dispuestos a caminar muy lentamente

*Gesto de movimiento consciente. Implica predisposición a ser uno con el paso y fundirnos con él.*

En el Zen esta práctica se conoce como *Kin Hin*. Literalmente significa "caminar derecho atrás y adelante". Se trata de caminar meditando u orando. Caminar lo hablado, lo sentido, lo aprendido de las enseñanzas espirituales.

La práctica consiste en andar muy lentamente, al ritmo de la respiración, de forma atenta y suave. Se levanta ligeramente el pie, se pone el talón primero, después se apoya hasta los dedos mientras vas espirando. El pie va apoyándose gradualmente sobre el suelo hasta anclarse con firmeza y terminar la espiración. Cuando comience una nueva inspiración comenzamos el movimiento del otro pie y así sucesivamente.

Se trata de un caminar consciente, pausado, sintiendo cada pequeño movimiento que producen los pies descalzos en todo el cuerpo y sentir que al dar un paso nuevo voy dejando atrás el anterior.

En este lento caminar no voy a ningún sitio, avanzo sin expectativas, no controlo nada. Lo que hago no me conduce a nada en concreto, sino que tiene valor por sí mismo. Cuerpo, mente, emociones y sensaciones se unifican haciéndose UNO con este caminar aquí y ahora, en este preciso instante de la vida. Cuando hacemos *Kin Hin* en comunidad o shanga esta unificación se produce también con el otro que camina a mi lado, de manera que somos UNO también con los demás.

Hay que vivir en cada paso y vivir cada paso, ni más, ni menos... Se trata de fundirme con el paso que doy. Ser uno con el paso, hacerse uno con él.

Cada paso me va liberando del yo. Porque en cada paso bajo el *yo* a la planta de los pies y lo voy dejando atrás cada vez que adelanto en el camino que recorro plenamente entregado.

Si aparece algún obstáculo físico o mental no debemos esquivarlo, solo mirarlo sin quererlo liquidar y *dejarlo ser*, sin más, mientras continúas caminando.

Podemos hacer esta marcha consciente solos o con otros. Para Dôgen: "... *cuando uno hace Kin Hin, todo el mundo hace Kin Hin*".

En el *Zen* se alterna con *la sentada o Za-Zen*. Todo el mundo camina en fila y en línea recta, sin curvas ni atajos, delante llevamos la espalda del compañero, detrás nos siguen los demás hasta cerrar un cuadrado en el que no hay principio ni final. Nadie es el primero ni el último. Todos prestan atención a su paso propio y al de los demás de la forma más consciente posible.

En el cristianismo, los monjes suelen acercarse a la oración con solemnidad. Caminar lento y consciente es para ellos un gesto de oración. En ese caminar, uno está siempre en el camino hacia Dios. Cada paso nos acerca a Él. En ese caminar experimentamos ser peregrinos y nos vamos trasformando. La tradición popular incluye también el caminar despacio en las procesiones, acompañando a Jesús.

*Caminar, caminar, sin más destino*
*que el propio caminar; sin más morada*
*que el espacio infinito de la Nada,*
*las raíces del aire. Mi camino*
*no tiene brújula, es solo sonido*
*que brota del silencio; es una aldaba*
*de Dios, que me susurra su silbido.*
*Mas su atenta mirada ilimitada,*
*carece de pupilas y de dueño.*
*Es Conciencia, sin forma ni manera.*
*Y su estrofa, silente e inacabada,*
*late en mi corazón, con tal empeño,*
*que habré de recordarla hasta que muera.*

(Rafael Redondo)

*... Paso a paso, al lomo de los aires, caminar con buen pulso por la brasa del instante.*

*Paso a paso, caminar, en la grupa del Vacío fundido en cada paso, sin otro hogar que el viento.*

*Paso a paso, hurtando a las retinas sus imágenes; paso a paso, siendo uno con mi paso...*

(Rafael Redondo)

*Espacio para escribir o dibujar sobre la experiencia vivida realizando este gesto.*

# Gesto Comunitario. Círculo de amor

*El último gesto que presentamos.*

*Lo divino vive en el interior de cada uno de nosotros y cuando nos damos la bienvenida unos a otros recibimos a Dios en el compañero que tengo al lado.*

Se trata de formar entre varias personas un círculo que nos lleve de lo individual a lo comunitario y nos ponga en contacto con lo trascendente.

Querer hacernos UNO con los demás. Ser UNO con el TODO es un gesto de oración muy simbólico y de gran calado ya que genera energía amorosa, compasión y una gran conexión con Dios y con los demás.

Son muchos los gestos que podemos hacer en comunidad, en grupo o sangha como signo de UNIÓN. Con ellos tomamos conciencia de que lo que le ocurre a otro me sucede también a mí. Saltándonos toda regla gramatical podríamos decir que "*Yo eres, Tú soy*" o como dice un antiguo proverbio africano "*Soy porque Somos*".

Este concepto de unidad hecho gesto tiene gran relevancia porque podemos llegar a sentir una poderosa energía que inunda de amor, gratitud y vida nuestro cuerpo. Sentir físicamente al otro, su piel, su abrazo y su entrega es percibir al otro derramado en mí y yo en él. Permanecer en comunión con los demás y con el mismo Dios da sentido a nuestra vida.

Juntos pedimos que se nos dé Luz para trabajar por un mundo mejor, más justo y solidario. Un mundo que sea la casa de todos, sin excepción. Un lugar en el que pueda sentir-te y sentir-me para sentir-nos y de forma consciente abrazar al que tengo a mi lado, al prójimo, sin condiciones ni excusas.

El profeta Isaías en el capítulo diez expresa su sueño de un mundo mejor, en el que todos viviéramos en paz y armonía.

Podemos formar un círculo enlazando los brazos izquierdos de todos y poniendo la mano correspondiente sobre el corazón. Los brazos derechos se enlazan con el compañero o compañera del otro lado formando así una cadena o círculo de AMOR y UNIDAD.

Un miembro del grupo puede leer un texto, por ejemplo, el que se atribuye a Francisco de Asís:

*Señor, haz de mí un*
*instrumento de tu paz.*
*Que allá donde hay odio, yo*
*ponga el amor.*
*Que allá donde hay ofensa, yo*
*ponga el perdón.*
*Que allá donde hay discordia, yo*
*ponga la unión.*
*Que allá donde hay error, yo*
*ponga la verdad.*
*Que allá donde hay duda, yo*
*ponga la fe.*
*Que allá donde hay desesperación, yo*
*ponga la esperanza.*
*Que allá donde hay tinieblas, yo*
*ponga la luz.*
*Que allá donde hay tristeza, yo*
*ponga la alegría.*
*Oh Señor, que yo no busque*
*tanto ser consolado, cuanto consolar,*
*ser comprendido, cuanto comprender,*
*ser amado, cuanto amar.*
*Porque es dándose como se recibe,*
*es olvidándose de sí mismo,*
*como uno se encuentra a sí mismo,*
*es perdonando, como se es perdonado,*
*es muriendo como se resucita a la vida eterna.*

También se pueden leer los votos del Bodhisattva:

*Que pueda ser un guardián para los que necesitan protección,*
*una guía para los que caminan,*
*un bote, una balsa, un puente para los que atraviesan un río.*
*Que pueda ser una luz en la oscuridad,*
*un lugar de reposo para los que están agotados,*
*una medicina sanadora para todos los que están enfermos,*
*una vasija de abundancia, un árbol de milagros.*
*Y para las innumerables multitudes de seres vivientes,*
*que pueda aportarles el sustento y la iluminación,*
*perdurables como la tierra y el cielo,*
*hasta que todos los seres se liberen del sufrimiento,*
*y todos estén despiertos.*

(Shantideva)

La oración con la que Jesús se dirigía a su Padre Abbá, el *Padrenuestro*, puede ser también proclamado en este gesto de unidad.

Cuando decimos:

*Padre nuestro que estás en el cielo,*
*santificado sea tu Nombre;*
*venga a nosotros tu Reino;*
*hágase tu voluntad*
*en la tierra como en el cielo.*
*Danos hoy*
*nuestro pan de cada día;*
*perdona nuestras ofensas,*
*como también nosotros perdonamos*
*a los que nos ofenden;*
*no nos dejes caer en la tentación,*
*y líbranos del mal.*

(Mt 6, 9-13)

No me dirijo a *mi* Padre de forma individual, lo hago en plural diciendo "*Padre nuestro*". Es importante este matiz de unidad que contiene una oración tantas veces repetida, porque dirigirnos así a Dios, implica que todos somos hermanos por el hecho de ser hijos de un mismo Padre.

*Espacio para escribir o dibujar sobre la experiencia vivida realizando este gesto.*

# Invitación a ser, solo Ser

Rafael Redondo en su libro *En tus manos encomiendo mi espíritu. Tu cayado me acompaña* nos invita a ser, solo Ser:

> *... Todo el ser, en cuerpo y alma, estaba enteramente presente. Es un suceso que, por más que se repite, nunca deja por ello de ser extraño y nuevo: la mente se torna vacía, cesando todo modo de reacción y ni siquiera se es consciente del Vacío que hace manar y alimentar la vida. Hasta que uno lo resume en un papel escrito, en un baldío afán de describir la realidad indescriptible.*
>
> *Y brota el asombro, prendido a veces del suspiro y de la lágrima, acompañado de una recóndita y profunda sensibilidad que invade toda la conciencia. No hay continuidad de ningún tipo, tan sólo una especie de espacio sin anchuras, sin costuras, sin fronteras; territorio sagrado donde no cabe la palabra. Solo ser; solo Ser.*

Ojalá la práctica de estos gestos de oración nos permita acercarnos a ese espacio ilimitado de unidad que somos.

Para finalizar queremos expresar nuestra gratitud por el inefable y maravilloso regalo de la Vida y por el encuentro personal con nuestro querido maestro Jesús de Nazaret.

> *... Para quien recibe todo como regalo y aprende a vivir diciendo 'sí' a la vida, se abre el manantial de la alegría y de la compasión.*
>
> (Enrique Martínez Lozano)

> *La búsqueda espiritual es un viaje sin distancia. Viajas desde donde estás ahora hasta donde siempre has estado. De la ignorancia al reconocimiento.*
>
> (Anthony de Mello)

Rafael Redondo hace de su vida y de su encuentro con Jesús un canto de alabanza:

> *Gracias por haberte conocido.*
> *Gracias por haberte hecho el encontradizo en mi camino.*
> *Gracias por regalarme la oportunidad de poderte amar.*
> *Gracias por amarte hasta el final,*
> *y por haberme dado la oportunidad de poder pregonar*
> *esa evidencia a mis hermanos*
> *... y ayudarme a sobrellevar esos momentos difíciles.*
> *Siempre estuviste a mi lado... lo digo y lo proclamo agradecido.*

Yo me uno a esta proclama, agradeciendo profundamente el don de Ser y el camino hacia el encuentro con el Espíritu. En esta ocasión, especialmente, a través de los gestos de oración de la mano de mi querido compañero de camino y maestro Rafael Redondo.

Mi gratitud por tu gratuidad y testimonio Rafa.

¡Gracias!

Siempre

# Sinopsis

*Cada uno de nuestros gestos,*
*cada uno de nuestros días puede,*
*sin buscar lo extraordinario, lo espectacular,*
*impedir que el mundo ruede hacia los abismos.*

Simone Weil

En *Orar con el cuerpo* encontramos la guía de una serie de gestos corporales que nos proponen e invitan a ser presencia consciente, acción compasiva, receptividad agradecida, donación, trascendencia; propuestas, todas ellas, que tienen que ver con aquello que nos hace humanos.

Sus autores acompañan cada gesto propuesto, de textos que enriquecen el sentido de los mismos, su significación. El contenido de estos textos nos ayuda a orientar nuestra atención y nuestra intención hacia cada gesto y con ello estamos también cambiando nuestro mundo, ya que la consciencia es creadora de realidades. A través de esos textos vamos comprendiendo la confluencia de las prácticas de varias tradiciones espirituales, cuyas enseñanzas coinciden, porque se dirigen al origen de lo que somos y que nuestros gestos expresan, si estamos conectados con nosotros mismos, pisando nuestra tierra interior.

En un mundo tan inclinado a la virtualidad, este libro nos propone tomar conciencia de nuestro cuerpo. Dice Thérèse Bertherar que “nuestro cuerpo es nuestra única realidad aprehensible. No se opone a los sentimientos, al alma. Los incluye y los alberga”.

Podemos decir entonces que al orar con el cuerpo, estamos teniendo acceso a la totalidad de nuestro ser.

Alicia Martínez Martínez

## Títulos recomendados

Colección: A los cuatro vientos
ISBN: 978-84-330-3281-2
Páginas: 148
Encuadernación: Rústica con solapas
Formato : 15 x 21 cm
Edición: 1ª

### Rafael Redondo

### La presencia del Jesús interior

Este libro que tienes entre las manos desafía lo conocido, la interpretación del mundo que nos han enseñado. Nos enseñaron que hay que temer a la muerte y Rafael nos dice que donde tantos veían muerte, floreció la vida y que la muerte supone la mayor seguridad. Nos dijeron que no hay que fracasar, y él nos dice que todo puede convertirse en gracia, que la fuerza proviene de las derrotas, y que en toda angustia hay una salida. Nos dijeron que nuestra vida está marcada por un tiempo lineal, que fluye del pasado hacia el futuro, y que ocupamos un lugar determinado en el espacio. La física teórica ya ha desmentido esto.

Rafael está muy atento al milagro de la respiración, no desenfoca su mirada, sino que descubre el aliento de vida en su interior. Por eso nos dice algunas cosas que desafían nuestra forma de entender el mundo. Y nos habla también de un sorprendente encuentro que sucede en un lugar sin lugar, ajeno al tiempo. Describe una fuerza atemporal, ajena al calendario, que nos permite nacer al instante, que nos libera de las ataduras espacio-temporales.

Colección: A los cuatro vientos

ISBN: 978-84-330-3234-8

Páginas: 128

Encuadernación: Rústica con solapas

Formato: 15 x 21 cm

Edición: 1ª

## Rafael Redondo

## **En tus manos encomiendo mi espíritu**

El libro que tienes en tus manos es un libro de salmos. Un salmo es una comunicación musical que tiene el hombre con Dios. La canción va del hombre a Dios y viceversa. La función del salmo es crear una atmósfera idónea para mover al Espíritu. ¿Y la música?, podréis decir, ¿dónde se encuentra aquí? La música la pone el estado de gracia desde el que está escrito. Es la música del palpitar de un corazón enamorado. No se precisa más para que se produzca ese movimiento del Espíritu que nos toca y nos conmueve.

Este libro nos habla de lo que constituye el fundamento del vivir, de una realidad que habita en ti y que eres Tú mismo. Escrito desde la vulnerabilidad, contiene resonancias de resurrección, de caminos nuevos, de una eterna alborada.

Las bellas imágenes de Paloma San Román acompañan a las palabras del autor.

Colección: A los cuatro vientos

ISBN: 978-84-330-3207-2

Páginas: 120

Encuadernación: Rústica con solapas

Formato : 15 x 21 cm

Edición: 1ª

## Rafael Redondo

## Gratitud

La palabra interior, la siempre naciente, esa que brota del aliento anterior a todo decir. Esta palabra interior es la que encontramos en Gratitud, diciéndose una y otra vez, irrumpiendo, pero sin romper el Silencio, porque es uno con ella, porque la recibe gozoso como fuente de la que proviene, como encuentro largamente anhelado.

¿Por qué “gratitud” cuándo se vive en el dolor, en la ausencia, en la noche? Nos responde el autor: desde la fragilidad, desde la vulnerabilidad, porque he comprobado en mí mismo, no por mí mismo, que es entonces cuando tu misericordia, tu compasión, llena de contenido ese vacío mío. Esta es la grandeza de este libro, el lugar desde el que está escrito, ese fondo último de la persona que la conecta con el Fondo del que proviene y que la sustenta. Este lugar da cobijo a toda aflicción.

El autor va tocando, al comenzar cada uno de los textos, versículos de la Biblia, poemas, textos de los maestros de la Iglesia, como teclas de un piano que dan entrada a la composición de una melodía. Esa música nos va dejando en el corazón algunas notas repetidas, entre las que resaltan la gratitud y un extremado amor.

En este libro se respira el aroma de la gratitud, aún en la noche, por la imbatible confianza que consigue contagiarnos el autor: sé bien que al declinar el día no hay noche, por muy oscura que ella fuere… la noche se halla preñada de tu alba.

Las bellas y sencillas imágenes de Paloma San Román ponen alas a las palabras del autor, no para alejarlas, sino para acercarlas, más aún si cabe, al lector.

## *caminos*

Director de Colección: Francisco Javier Sancho Fermín

ÚLTIMOS TÍTULOS PUBLICADOS

134. ANSELM GRÜN: *Humildad y experiencia de Dios.*
135. FERNANDO BERMÚDEZ LÓPEZ: *Luz en el desierto.*
136. JOSÉ LUIS VÁZQUEZ BORAU: *El desierto fértil.*
137. TIMOTHY RADCLIFFE: *Las estaciones del via crucis.*
138. CHEMA ÁLVAREZ: *Espiritualización del ser humano.*
139. KURT BEUTLER: *Perlas en el Corán. Un cristiano descubre el libro de los musulmanes.*
140. MANUEL LÓPEZ CASQUETE DE PRADO: *Subiaco. Un relato de silencio.*
141. NEKANE ADRIÉN: *Ideas santas del eneagrama. Un enfoque pluralista.*
142. CHEMA ÁLVAREZ: *¡Vive!... y favorece la vida.*
143. HERMANO EMMANUEL, DE TAIZÉ: *Un amor por redescubrir. Más allá de las representaciones espontáneas de Dios.*
144. RAFAEL PARDO: *Emociones, espiritualidad y evangelio.*
145. THOMAS MERTON, PRÓLOGO DE SARAH COAKLEY: *El clima de la oración monástica.*
146. ANTONIO DÍAZ TORTAJADA: *Plegarias desde el vacío interior.*
147. CRISTOPHER WAIT (ED.): *El silencio, la dicha. Selección de escritos de Thomas Merton.*
148. MARÍA VICTORIA TRIVIÑO: *El abrazo del serafín. De Hildegard Von Bingen a Clara De Asís.*
149. ANSELM GRÜN - BODO JANSSEN: *Firmeza en tiempos turbulentos. El arte de dirigirse a sí mismo y dirigir a los demás.*
150. MANUEL GARCÍA HERNÁNDEZ: *Las pasiones que nos dominan. Padres del oriente cristiano y eneagrama.*
151. CRISTINA GONZÁLEZ ALBA: *Busco tu rostro. Recursos espirituales para orar.*
152. JOSÉ EIZAGUIRRE: *Todo en todos. Una espiritualidad de conexión.*
153. ANSELM GRÜN: *Vínculos fraternos. Una relación muy especial.*
154. NICOLÁS CASTELLANOS FRANCO, OSA: *Renovación en el espíritu después del coronavirus.*
155. M. ISABEL RODRÍGUEZ: *Más allá del narcisismo espiritual.*
156. LUIS JORGE GONZÁLEZ: *Meditación cristiana. Aporte al hombre actual de Joseph Ratzinger 198 - 2019.*
157. ÉLISABETH DE BAUDOÜIN: *Teresa y Francisco.*
158. RAFAEL PARDO: *Espiritualidad para la depresión.*
159. Mª ÁNGELES ALMACELLAS: *No creo, pero busco la verdad. Tras las huellas de Teresa de Jesús.*
160. VINCENT PIZZUTO: *Contemplar a Cristo. Los Evangelios y la vida interior.*
161. MANUEL LÓPEZ CASQUETE DE PRADO: *La fuente de la que nacieron las estrellas.*
162. ANSELM GRÜN - HSIN-JU WU: *¿Por qué siempre yo? Identificar y subsanar patrones de relación.*
163. EDUARDO LALLANA GARCÍA: *Eneagrama y moradas de Santa Teresa.*
164. PHILIP SHELDRAKE: *Un mundo transfigurado. El viaje místico.*
165. RAFAEL REDONDO - PALOMA SAN ROMÁN: *Orar con el cuerpo.*